L'entrée à la maternelle

«C'est la vie aussi»
Collection dirigée par Bernadette Costa-Prades

« *Si les enseignants étaient formés pour être des médiateurs, l'école aurait pour objet essentiel l'apprentissage des relations entre enfants. Entre les enfants et les adultes, investis et nommés par les parents, et professionnellement formés pour assurer le relais des parents.* »

Françoise Dolto,
La Cause des enfants (1985)

Myriam Szejer
Marie Auffret-Pericone

L'entrée
à la maternelle

Une grande aventure pour l'enfant

Albin Michel

Introduction

Pourquoi un livre sur l'entrée à la maternelle ? Parce que trop d'enfants sont parachutés à l'école sans avoir reçu de préparation pour amortir le choc. Les parents n'y vont plus depuis longtemps et leurs premiers souvenirs sont passés par la moulinette de l'amnésie infantile, ce processus psychologique qui permet de refouler dans l'inconscient les souvenirs du début de la vie. Ils accompagnent souvent maladroitement leurs enfants au cours de ce passage, avec pourtant les meilleures intentions ! Il arrive même qu'ils leur rendent la tâche plus difficile... Ce livre souhaite limiter les éventuels «ratés» de la première rentrée scolaire en préparant les enfants de façon cohérente et en se tenant à l'écoute de ce qu'ils vont exprimer pendant cette période.

L'autonomisation, pour qu'elle permette à l'enfant de s'épanouir, implique un accompagnement subtil. Cet ouvrage pourra aider certains parents à dédramatiser la situation, autant pour eux que pour leur petit écolier. Il voudrait également leur éviter de passer à côté de difficultés, souvent difficiles à décoder, mais à prendre toujours au sérieux.

Chapitre 1
Anticiper pour mieux soutenir votre enfant

L'inscrire à la maternelle, d'accord, mais où ?
Quel type d'établissement choisir ? Pour qu'un enfant
s'adapte facilement à l'école, il est important
de saisir ce qui va changer pour lui. Une bonne dose
de compréhension, quelques précautions, un peu
de patience, et il a toutes les chances d'apprécier
pleinement son nouveau statut d'élève.

▦ Quelle école choisir ?

Dotée d'une réputation de bonne qualité, l'école
maternelle nous est enviée au-delà des frontières de
l'hexagone où il n'existe aucune structure compa-
rable. Exception culturelle française, ce service
public, gratuit – mais non obligatoire –, accueille la

quasi-totalité des enfants de trois à six ans et un tiers des enfants de deux ans. Les orientations officielles déclinées dans les derniers programmes réaffirment sa voie spécifique, à la croisée des chemins entre sa mission d'enseignement et le respect des besoins particuliers des tout-petits.

Pour inscrire son enfant, il suffit de s'adresser au service des écoles de la mairie du lieu de domicile au plus tard au mois de juin précédant la rentrée scolaire (attention, certaines communes prennent l'inscription plus tôt). S'il a déjà soufflé ses trois bougies (ou entre deux et trois ans dans la limite des places disponibles), il sera accueilli dans un établissement scolaire : une école maternelle, ou une école primaire comportant une classe maternelle ou une section maternelle au sein d'une classe à plusieurs niveaux.

⇥ À chaque secteur, son école

La carte scolaire impose à chaque famille une école dans un secteur bien déterminé : le plus souvent, cet établissement est le plus proche du domicile familial, mais pas toujours. Dans ce dernier cas, ou si vous souhaitez qu'il soit scolarisé à proximité de votre bureau ou de la personne qui le garde après la classe, il est possible de demander une dérogation de secteur à la mairie en présentant des justificatifs. Mais ces exceptions à la règle ne sont pas toujours faciles à obtenir. Les besoins de l'enfant sont avant tout à prendre en compte : s'il passe plus de temps dans les transports, se lève plus tôt, etc., cette situation risque d'être source de fatigue. Sans compter qu'il est bien agréable d'avoir des petits copains qui habitent dans son quartier car on peut les voir après la classe ou les jours sans école !

⇨ Les écoles privées, les écoles différentes

Environ 12 % des enfants sont scolarisés dans des écoles privées, dans les classes «préélémentaires»*.

Quelles raisons incitent certains parents à scolariser leur enfant dans le privé ou dans des écoles «différentes» ?

• La religion ou la culture : l'école publique est par définition laïque. Or certains parents considèrent que la religion doit être enseignée à l'école et certains rituels respectés : calendrier des fêtes, nourriture, façon de se vêtir, port de certains signes distinctifs…

• Le bilinguisme : pour développer le bilinguisme régional (écoles Diwan…) ou pour renforcer la connaissance d'une langue étrangère. Dans ces écoles, soit une large partie de l'enseignement s'effectue dans une langue étrangère, soit l'enseignement de cette

---

* Source : ministère de l'Éducation nationale.

11

langue est dispensé dès l'entrée en maternelle durant quelques heures.

• La pédagogie particulière : certaines maternelles proposent une pédagogie différente de celle de l'Éducation nationale. Bien qu'on continue à les appeler «nouvelles», la plupart de ces institutions ont été fondées au début du XXᵉ siècle par des médecins, des instituteurs, des psychologues ou des philosophes (Montessori, Freinet, Decroly, Steiner...). Ces méthodes alternatives insistent sur l'écoute du rythme et de la personnalité de l'enfant. Dans ces classes à effectifs parfois réduits, l'épanouissement personnel est aussi largement mis en avant. À noter que les pédagogies Freinet et Decroly sont enseignées dans le public, pas dans le privé.

• Une discipline plus rigoureuse : certains parents souhaitent une pédagogie plus stricte, plus coercitive, ce qu'offrent encore quelques écoles privées, même si elles ont tendance à disparaître aujourd'hui.

• Et toutes les autres (bonnes ou mauvaises !) raisons : l'école privée est à deux pas du domicile des parents ou de leur bureau, l'école du quartier a «mauvaise réputation», la peur de la mixité sociale, la volonté d'intégrer l'enfant à une certaine communauté culturelle ou religieuse, la crainte de l'absentéisme dû aux grèves, etc.

Il arrive aussi que la première rentrée se passe mal. Pour permettre à l'enfant qui éprouve une réelle souffrance de repartir sur de nouvelles bases, l'école privée (lorsqu'il reste de la place en cours d'année) constitue parfois une solution de repli satisfaisante. Avant de prendre cette décision, il sera important d'évaluer les avantages et les inconvénients que représente pour lui un tel changement de lieu, d'habitudes et de copains.

➪ Une question de statut

La grande majorité des écoles privées sont sous contrat et catholiques. Les autres sont dites «hors contrat». Les premières ont un engagement avec l'État qui leur donne des droits mais aussi des devoirs. Elles suivent les instructions et programmes officiels, et leurs enseignants sont inspectés et rémunérés par l'Éducation nationale. Leurs locaux doivent présenter les mêmes normes de sécurité et d'hygiène. De leur côté, les écoles hors contrat sont libres de leurs installations. L'État ne leur apporte aucun soutien financier. Le contenu de l'enseignement et les modalités de l'accueil des enfants seront expliqués par les directeurs. En se rendant sur place, les parents peuvent faire connaissance avec les instituteurs et rencontrer, éventuellement, d'autres familles.

Certaines écoles supposent un investissement de la part des parents. Elles sont parfois très onéreuses (autour de 30 euros à 250 euros par mois, pour une maternelle sous contrat; à partir de 300 euros environ, pour une hors contrat). Leur coût est indépendant de la qualité de l'enseignement dispensé, des services rendus et des locaux.

Ces établissements demandent parfois une implication plus soutenue des parents: réunions avec le personnel pédagogique, participation à divers événements et manifestations...

⇨ Pour rejoindre le système public

L'enfant qui effectue sa maternelle dans une école à la pédagogie différente, avec des effectifs réduits, sera-t-il confronté à des difficultés s'il rejoint les bancs de l'Éducation nationale? S'il vient d'une école hors contrat, il devra passer des tests d'aptitude pour rallier le circuit public après le CP (cours préparatoire). Cependant, s'il a été inscrit dans une école différente pour connaître un système plus souple, la plupart du temps, il s'habituera à son nouveau cadre après une période d'acclimatation. L'objectif de ces formations est justement de lui procurer une solide capacité d'adaptation!

▓ En parler pour anticiper

Parler avec l'enfant de sa rentrée à l'école est la meilleure des préparations. Bien sûr, on ne sait pas encore précisément la façon dont la maîtresse a choisi d'organiser ses journées, mais on en connaît suffisamment pour commencer à le familiariser avec ce nouveau monde.

Avant tout, il est préférable de ne pas lui répéter: «Tu vas aller à l'école, tu es grand maintenant!», même s'il a des chances de l'entendre par d'autres... Si pour lui grandir est synonyme de saut dans l'inconnu, cela risque de lui donner envie de rester petit! Son anxiété pourrait alors se traduire par le fait de mouiller à nouveau sa culotte ou par un nouvel engouement pour des biberons remisés au fond du placard...

⇨ Les mots qui aident

Pas facile d'informer et de rassurer son enfant lorsqu'on est soi-même inquiet... Pourtant, lui donner des explications devrait permettre de le tranquilliser un peu. Il n'existe pas de formules magiques. Chaque parent devra trouver les mots pour aider l'enfant à dépasser ses propres inquiétudes. Dans ce domaine, il ne faut cependant pas oublier que ce qui est évident pour nous, adultes, ne l'est pas forcément pour l'enfant. Lui parler de ce qui l'attend, en fonction de son âge et de ses éventuelles demandes ou appréhensions, facilite ses premiers pas d'écolier. Il ne faut pas oublier que, même lorsque l'enfant ne parle pas encore très bien, il comprend déjà. Il s'agit simplement de l'informer sur ce qu'est l'école, le sens de sa scolarité et ce qui l'attend. Attention cependant de ne pas trop idéaliser sa vie à l'école, la maîtresse, les copains... Certains enfants sont très déçus, parfois même dès le jour de la rentrée, et ont l'impression d'avoir été trompés, un sentiment qui peut freiner leur adaptation.

⇨ L'école, qu'est-ce que c'est?

• L'école, c'est un peu comme le travail des parents. Désormais, l'enfant aussi aura des occupations à l'extérieur de la maison. La comparaison lui permettra de s'identifier aux adultes et de se sentir valorisé.

• L'école est le lieu des enfants. Les parents ne savent que par l'enfant et la maîtresse ce qui s'y passe. Il aura sa place dans la classe et son institutrice s'occupera de lui. Cette précision permettra aussi de le préparer à la séparation.

⇨ Pourquoi faut-il y aller?

• Il a l'âge d'aller à l'école, comme tous les enfants de plus de trois ans. Ainsi, il sentira qu'il n'est pas le seul à être concerné par la maternelle et que ses parents ne l'y envoient pas pour se débarrasser de lui.

• Il va apprendre à vivre avec les enfants de sa génération et c'est très important, car c'est avec eux qu'il fera sa vie plus tard: se marier, travailler, avoir des enfants... À trois ans, il en comprend très bien l'intérêt. Cette explication donne du sens à son entrée à l'école.

⇥ Que va-t-il y faire?

• Il y passera la matinée ou la journée entière, mangera ou non à la cantine, jouera dans la cour de récréation, y fera la sieste s'il reste l'après-midi... Il est important de lui préciser qui l'accompagnera et qui viendra le chercher, à quelle heure. Que les jours sans école (mercredi ou samedi, dimanche et vacances), il ira chez sa nounou, restera à la maison ou se rendra au centre de loisirs. L'enfant se familiarise avec l'heure, même s'il ne sait pas encore la lire. Lui parler ainsi permet de lui fixer des repères. Peu à peu, il va se les approprier et leur donner un sens.

• Il appréhende peut-être l'école parce qu'il a entendu dire qu'il va y apprendre à lire et à écrire. Or cela lui semble bien trop difficile! À l'inverse, il peut en avoir très envie... et risque alors d'être déçu. Il est donc utile de lui préciser qu'avant d'apprendre à lire et à écrire, il va faire beaucoup d'autres choses bien plus drôles à l'école, comme dessiner, chanter, jouer... Ces activités vont le préparer à lire et à écrire, mais ce n'est qu'au CP qu'il apprendra vraiment.

• La maîtresse va également lui demander de rester assis et de lever le doigt pour parler, pour aller aux toilettes, et elle lui expliquera comment faire s'il est très pressé...

• Avant d'entrer dans la classe, il devra accrocher son manteau au vestiaire. Pour l'enfant, ce n'est pas un simple détail : son vêtement est un repère identitaire, un objet qui vient de la maison. Il peut se sentir «dépouillé», si on lui demande de l'enlever alors qu'il ne s'y attend pas... Avec son habit, on lui ôte aussi la manifestation de l'attention maternelle et des soins qui y sont attachés. Autant le prévenir afin qu'il s'y prépare et ne se sente pas agressé quand cela lui sera demandé. Au travail, les parents en font autant.

⇨ Avec qui ?

• Il sera dans une classe avec d'autres enfants de son âge sous la responsabilité d'un adulte, sa maîtresse avec qui il restera toute la journée, durant toute l'année. Mais il vaut mieux éviter de la parer, d'emblée, de toutes les vertus... Il serait préférable de lui dire qu'il y a des maîtresses très gentilles, très patientes et avec lesquelles on s'amuse beaucoup, mais que d'autres sont plus sévères. Il y en a qui crient et d'autres qui rient, certaines qu'on aime et d'autres moins... Si c'est le cas, c'est dommage, mais il en aura peut-être une qui lui plaira mieux l'année suivante, car on change d'enseignant tous les ans.

• Les copains et les copines vont devenir de plus en plus présents dans sa vie. Ils vont conditionner, dans une large mesure, l'envie qu'il aura d'aller à l'école, d'où l'intérêt de ne pas négliger le sujet! On peut lui expliquer qu'il va rencontrer des enfants du même âge que lui, qu'il y aura des garçons et des filles, certains sympas, d'autres moins, et que ce sera à lui de trouver ceux avec qui il s'entendra bien. Eux aussi vont à la maternelle pour la première fois!

⇥ Trop, c'est trop?

Toutes ces précisions ne risquent-elles pas de l'effrayer? Au contraire, grâce à ces informations, il sera mieux armé pour s'adapter à ce nouvel univers. Il aura déjà entendu certaines consignes dans un cadre rassurant et sera familiarisé avec le vocabulaire de l'école. Il se sentira moins perdu, même s'il lui reste encore beaucoup de choses à découvrir!

▓ La première visite de l'école

Après les démarches effectuées en mairie, c'est le moment d'entrer en contact avec l'école, muni de la fiche d'inscription*. Ce premier rendez-vous avec la maternelle ne se résume pas à une simple formalité administrative!

Le plus souvent, le directeur ou la directrice fait visiter l'école aux parents et à l'enfant. Ils rencontreront parfois sa maîtresse. Lorsque cette visite collective ou individuelle s'effectue durant les heures d'école, l'ambiance est bien sûr plus réaliste... mais peut aussi se révéler plus impressionnante.

Certains établissements ont mis en place une initiative intéressante: les parents d'élèves élus sont présents pour accueillir les «nouveaux», ce qui permet à ces derniers de recueillir des informations précieuses sur la vie de l'école et de se sentir plus à l'aise pour poser certaines questions.

Cette visite permet à l'enfant d'avoir une image plus nette de ce lieu dont il entend de plus en plus parler.

---

* Pour faire enregistrer l'inscription, il est nécessaire de présenter un livret de famille – ou une carte d'identité, ou une copie d'extrait d'acte de naissance –, la fiche d'inscription délivrée par la mairie, un certificat du médecin de famille attestant que l'état de santé de l'enfant est compatible avec la vie en milieu scolaire, et qu'il a reçu toutes les vaccinations obligatoires pour son âge.

N'hésitez pas à poser des questions et, s'il en a envie, à l'encourager à le faire. Cette première rencontre est précisément organisée dans ce but.

Pour l'accoutumer à son nouvel environnement, lorsque vous faites une course avec lui dans le quartier, montrez-lui que vous passez à côté de son école, qu'elle est proche de la boulangerie ou sur le chemin du parc, ou encore pas très loin de la maison de sa nounou… Il aura ainsi la sensation que cet endroit encore inconnu est en relation avec d'autres lieux familiers, ce qui va contribuer à le rassurer.

Ce que signifie sa première rentrée

⇨ Pour l'enfant

Pour l'enfant, la première rentrée est bien sûr un événement. L'école est souvent au cœur des conversations familiales depuis quelques semaines. S'il a des frères ou des sœurs plus âgés, il a conscience qu'il rejoint un monde dont il était jusqu'alors exclu. Rentrer à la maternelle signifie qu'il accède à un nouveau statut et qu'il est grand ! Il va passer ses journées avec d'autres enfants de son âge, sans sa famille et sans bébés, contrairement à la crèche ou à la garderie. Il quitte donc le monde des tout-petits, que cela lui plaise ou non... Et ses sentiments à ce sujet sont parfois bien ambivalents.

⇨ Pour les parents

Du côté des parents, la première rentrée est également un fait marquant et le jour J les petits ne sont pas toujours les seuls à avoir la gorge nouée... Certaines mères ont l'impression que leur enfant leur échappe. À la maternelle, il va avoir sa vie, à laquelle elles n'auront que peu accès. L'école est avant tout le lieu des enfants où les parents n'ont pas leur place. Contrairement à la crèche ou chez la nounou, ils ne pénètrent qu'occasionnellement dans la classe qui va devenir un des terrains familiers de l'enfant.

Pour les parents, la rentrée à l'école signifie aussi qu'ils délèguent à une seule personne la responsabilité de s'occuper de lui. Et cette personne, ils ne l'ont pas choisie! La plupart du temps, ils peuvent être rassurés: les enseignants de maternelle ont la même formation que leurs collègues de l'école élémentaire (ils réclament, par ailleurs, une formation spécifique pour l'accueil des tout-petits). Ils ont fait le choix – pas toujours le plus facile – de travailler avec les plus jeunes. Dans une très large majorité, ils sont passionnés par leur travail et les enfants le perçoivent bien. Mais il se peut quand même que des parents ne trouvent pas l'enseignante de leur enfant sympathique, ni à la hauteur de leurs espérances. Il va donc falloir apprendre à lui faire confiance et, s'ils ont des doutes, à ne pas trop le montrer à l'enfant : il a besoin de penser que c'est «une bonne maîtresse». Dans le cas contraire, certains petits écoliers pourraient présenter des problèmes de comportement difficiles à interpréter. Mais cette situation est rare !

Qu'est-ce qui va changer pour lui ?

Si l'enfant était habitué à fréquenter la crèche ou la halte-garderie, l'adaptation à l'école sera sans doute rapide : il a déjà rencontré d'autres enfants en dehors de chez lui et sans ses parents. Il retrouvera peut-être à l'école certains copains de crèche, ce qui peut contribuer à le rassurer. S'il s'inquiète de ne pas retrouver ses amis et que cette séparation lui gâche sa première rentrée, aidez-le à dédramatiser et à dépasser son inquiétude. Vous pouvez par exemple lui expliquer que parfois on ne connaît personne le premier jour d'école, mais que si on est sympathique et qu'on n'a pas trop peur de faire connaissance, on ne tarde pas à se faire de nouveaux amis avec lesquels on aimera jouer. Il pourra revoir ses anciens copains après la sortie ou les jours où l'école ferme. Même si certaines ruptures sont parfois difficiles, elles sont également structurantes et le font grandir!

⇨ Multiplier les contacts

S'il n'a pas été confié de temps à autre à une halte-garderie, il est urgent avant l'école de fréquenter avec lui des lieux où il pourra fréquenter d'autres enfants. C'est bien sûr le cas des jardins publics (où il sera confronté aux petits caïds du bac à sable, mais aussi à d'autres plus agréables!) et des ludothèques, où il pourra rencontrer des copains de son âge autour de différents types d'activités.

⇨ Des lieux de socialisation

S'il n'a jamais fréquenté d'autres structures collectives et si, en plus, il n'a ni frère ni sœur, l'adaptation pourra être plus longue. La psychanalyste Françoise Dolto soulignait que les rencontres avec d'autres, à l'extérieur de la maison et en compagnie de ses parents, aident le tout-petit à affronter ensuite le monde seul.

Les structures d'accueil du type Maison verte, créées à son initiative, sont particulièrement adaptées aux moins de cinq-six ans. Ces lieux de rencontre existent dans toute la France sous différentes appellations (voir « Contacts utiles », p. 131). Elles permettent à plusieurs parents et enfants de passer un moment ensemble en compagnie de psychanalystes, qui peuvent éventuellement les aider à mettre des mots sur leurs difficultés.

Le jour J

Le jour de la rentrée, les enfants sont souvent inquiets : ils ont peu dormi, fait des cauchemars, ont «mal au ventre»... Bref, ils ont le trac. Ils réagissent aussi à l'appréhension des parents qui se mêle au sentiment de fierté qu'ils éprouvent en ce grand jour. Or notre sentiment en tant que parent dépend largement du souvenir de notre première rentrée ou de l'école en général... Quel qu'il soit, l'enfant ne manque pas de le percevoir ! Dans certaines écoles, la rentrée des petites sections ne s'effectue pas aux mêmes heures que celle des autres, ce qui permet d'éviter que les plus jeunes ne soient d'emblée confrontés aux «grands» et à la bousculade. La rentrée peut aussi être décalée d'une journée, s'effectuer en deux temps ou, plus rarement, comporter une période d'adaptation de quelques jours par demi-groupe. Cependant, ces initiatives intéressantes qui aident les enfants à trouver leurs repères sont parfois contraignantes pour l'organisation des parents. C'est pourquoi, malheureusement, ils n'y sont pas toujours favorables. Il ne faut pas hésiter, lorsque c'est possible, à venir le chercher à midi, quitte à le scolariser à plein temps progressivement. Il pourra faire la sieste à la maison et «se remettre» tranquillement de ce premier bain d'école. On ne risque pas de lui donner de mauvaises habitudes si on l'a prévenu que cela changera plus tard.

⇨ S'il pleure

Certaines maîtresses laissent les parents entrer dans la classe et passer un moment avec leur enfant pour qu'ils se familiarisent ensemble avec ce nouveau cadre. La plupart des enseignantes sont d'accord pour laisser les petits prendre leur peluche préférée ou leur tétine, au moins les premiers jours, quitte à les ranger ensuite dans une «boîte à doudous» jusqu'à l'heure de la sieste.

Il pleure et s'accroche à sa mère? C'est le moment de lui dire que vous avez déjà parlé de l'école ensemble et que, tout à l'heure, lorsqu'on viendra le chercher, il pourra raconter sa première journée. Il faut essayer de faire confiance à l'enfant et à sa maîtresse pour l'aider à surmonter cette angoisse de séparation. Les institutrices sont habituées à faire face à ce genre de situation et la plupart des petits se calment dès que leur parent n'est plus là... À quoi bon pleurer si maman ne m'entend pas? Dans le cas contraire, la maîtresse le signalera et il est important alors de discuter avec lui de ce qui l'inquiète. De votre côté, faites également un effort pour surmonter votre émotion... Au moins devant lui.

⇨ La confiance de ses parents

Il arrive que des enfants qui n'ont pas manifesté d'angoisse le jour de la rentrée pleurent le lendemain, lorsqu'ils ont compris qu'ils allaient devoir retourner à l'école pour quelques années encore... D'où l'intérêt d'évoquer toutes ces questions avant le premier jour.

À l'heure de la sortie, les parents ont très envie de tout savoir sur la journée de leur écolier... Il est cependant préférable de faire preuve de patience en évitant de le soumettre à un interrogatoire trop serré. Il parlera plus tard, et seulement s'il en a envie! Parlez-lui plutôt du plaisir que vous avez à le retrouver. Soyez attentif et, si besoin, aidez-le à dédramatiser en lui racontant votre première rentrée. Progressivement, l'enfant trouvera de la force en lui-même pour profiter de la découverte de cette nouvelle vie. Mais pour cela, il a besoin que ses parents lui fassent confiance.

L'essentiel

▓ Quel que soit le type d'école dans laquelle il sera scolarisé, parler avec l'enfant de la maternelle est la première des préparations pour le familiariser avec ce nouveau monde.

▓ S'il n'a pas été gardé à l'extérieur avant la rentrée, il est fortement conseiller de fréquenter des lieux où il pourra rencontrer d'autres enfants de son âge.

▓ En lui faisant confiance, ainsi qu'à sa maîtresse, pour l'aider à surmonter son angoisse de séparation, les parents donneront toutes les chances à l'enfant de s'adapter.

Chapitre 2
Est-il prêt?

**Il n'est pas encore propre, il a du mal à se faire comprendre lorsqu'il parle, il se fatigue vite...
À trois ans et parfois moins, est-il vraiment prêt pour l'école maternelle?**

▨ Il n'est pas encore propre...

En théorie, une directrice peut refuser un enfant s'il n'est pas propre pour la rentrée. En pratique, les «accidents» occasionnels sont admis par les institutrices. Le plus souvent, l'école dispose d'un stock de culottes et de pantalons pour le change, mais certaines maîtresses demandent aussi aux parents de leur fournir, au moins les premiers temps, un sac avec une tenue de remplacement, au cas où... Preuve qu'il n'est pas seul à être concerné par ce problème de propreté.

⇨ Et s'il n'est pas propre quinze jours avant d'entrer à l'école ?

La maîtrise sphinctérienne ne se décrète pas et le «forcing» à la propreté est au mieux inefficace et au pire nocif, lorsqu'il prend des allures de dressage. Dans ce domaine aussi, chaque enfant a ses propres rythmes et chaque étape doit être respectée. Il est possible de profiter tranquillement de l'été pour lui apprendre la propreté en parlant avec lui, sans le mettre sous pression et en évitant de lui dire que s'il n'est pas propre, il ne pourra pas aller à l'école ! Ces paroles risqueraient de lui donner envie de garder encore ses couches, voire de régresser...
Il est préférable de lui expliquer que ce serait mieux qu'il apprenne à être propre dès à présent : «De cette façon, tu seras beaucoup plus à l'aise à l'école où beaucoup d'enfants savent déjà se retenir et aller aux toilettes. »

⇨ Il n'est pas propre le jour J

L'amener à l'école sans prévenir l'institutrice que la propreté n'est pas tout à fait acquise serait faire preuve d'un grand manque de diplomatie. Elle risque – à juste titre – de ne pas apprécier d'être placée devant le fait accompli et l'enfant pourrait s'en sentir humilié. En revanche, il est parfois utile, en accord avec la directrice, de différer la rentrée de quelques semaines (jusqu'aux vacances de la Toussaint, par exemple) ou de ne le sco-lariser que le matin, dans un premier temps, ce qui limite forcément les risques de fuite... Le plus simple est d'en parler à la maîtresse, mais n'oublions pas que l'école a parfois un effet magique : confronté aux autres et à son nouvel univers de «grand», un enfant peut avoir envie de les imiter et devenir propre très rapidement.

⇨ Les «accidents»

Si l'acquisition de la propreté est très récente, un enfant peut aussi connaître une courte période de régression durant ses premières semaines d'école et se remettre à faire pipi dans sa culotte de temps à autre. Ce n'est pas alarmant, mais cela peut signifier que l'adaptation est un peu difficile. Confronté à un monde de «grands», peut-être ressent-il une pointe de nostalgie de l'époque où il était bébé ?

S'il n'y a pas si longtemps qu'il se passe de couches, il n'est pas tout à fait habitué à se retenir. De plus, il a peut-être aussi mouillé sa culotte parce qu'il ne savait pas comment prévenir la maîtresse! Même si son insti-tutrice lui a expliqué en classe la conduite à tenir, rien n'empêche d'en reparler avec lui à la maison: au début de l'année, il doit intégrer beaucoup de nouvelles consignes qui lui semblent parfois bien mystérieuses...

«En classe, il faut essayer de te retenir jusqu'à la récréation, mais si tu n'y arrives pas, tu n'as qu'à demander doucement à la maîtresse, elle a l'habitude.» Vous pouvez aussi le rassurer en lui faisant comprendre que s'il n'est pas parvenu à se retenir, ce n'est pas grave, surtout au début: «Si tu as fait pipi ou caca dans ta culotte, il faut le dire à la maîtresse, mais pas forcément devant les autres, car cela ne les regarde pas.» Il ne faut pas oublier de dire à l'enfant que c'est arrivé à beaucoup d'autres avant lui, que son institutrice a des vêtements de rechange et qu'il faut parfois un peu de temps pour s'habituer à ces nouvelles règles. S'il a eu l'impression que la maîtresse était fâchée, dédramatisez et expliquez-lui que l'institutrice était embêtée, car elle doit s'occuper de beaucoup d'enfants, mais qu'elle sait aussi qu'il ne l'a pas fait exprès et ne lui en veut pas.

Il ne parle pas bien

Au moment de leur première rentrée, les enfants disposent souvent d'un lexique très limité. C'est d'ailleurs pour cette raison que l'école maternelle a placé le langage oral au cœur de ses apprentissages. Ainsi, lorsqu'ils la quittent pour entrer au CP, ils savent construire des phrases complexes et les articuler entre elles pour décrire un objet, raconter une histoire… Ils seront alors prêts à apprendre à lire. Mais ils ont trois à quatre ans pour s'y préparer ! Il arrive qu'il s'exprime moins bien que les autres enfants de sa classe. L'acquisition du langage dépend de chacun, mais aussi de l'âge. Or, dans une même classe, les enfants ont parfois près d'un an de différence ! Les institutrices de maternelle en sont conscientes et jouent un rôle important dans la détection précoce des difficultés en général, et des troubles du langage en particulier. Elles ont l'habitude et, quand elles considèrent qu'il y a un réel problème, elles le signalent aux parents. En cas de doute, il ne faut pas hésiter à leur demander leur avis afin d'être rassuré.

Deux ans et déjà à l'école ?

Dans les textes, les enfants de moins de trois ans peuvent être admis en classe ou école maternelle dans la mesure où ils ont deux ans révolus à la date de la rentrée scolaire et dans la limite des places disponibles. Les enfants qui atteignent cet âge au plus tard au 31 décembre de l'année en cours peuvent également être admis à compter de la date de leur anniversaire, toujours dans la limite des places disponibles. Depuis le début des années 1990, la scolarisation des enfants de deux ans se maintient autour de 35 % dans l'enseignement public, mais varie beaucoup d'une ville à l'autre : ils sont 50 % scolarisés à Reims et 8 % à Paris*, où même les trois ans ont parfois du mal à trouver une place...

Il est indéniable que faire entrer son enfant dès deux ans à la maternelle présente un avantage financier : l'école publique est gratuite, ce qui n'est pas le cas des crèches et des assistantes maternelles chez qui les enfants sont gardés dans une ambiance encore « maternante ». Bien sûr, l'argument budgétaire est primordial pour bon nombre de foyers. Cependant, il faudra bien faire garder l'enfant durant les vacances scolaires et après la sortie, voire avant lorsque les parents travaillent : la garderie, la cantine et le centre de loisirs ne sont pas gratuits, eux.

⇨ Des conditions peu adaptées au tout-petit

Au-delà de cet aspect financier, deux ans, est-ce le bon âge pour l'école ? Quels que soient les arguments parfois avancés en faveur de la scolarisation précoce, ils seraient certainement plus recevables si les conditions de scolarisation étaient mieux adaptées à l'accueil des tout-petits.

---

* Source : *Francoscopie 2003*, Gérard Mermet, Larousse.

Entre deux et trois ans, l'enfant est en effet en pleine construction de soi et a besoin de nommer, d'apprendre et d'harmoniser ses nombreuses sensations et celles de l'autre. Or aucune institutrice, aussi attentive et bienveillante soit-elle (même aidée d'un autre adulte), ne peut, dans une classe de vingt-cinq à trente élèves, être suffisamment disponible pour aider chacun à construire son identité. À un âge auquel l'enfant tisse encore le maillage nécessaire à sa confiance en lui, il est paradoxal de lui faire vivre un changement aussi radical pour son bien... Le chemin qui sépare le deuxième du troisième anniversaire est très long. L'entrée précoce en collectivité scolaire, sans encadrement par des adultes en nombre suffisant, est d'une très grande violence. Dans son dernier rapport annuel, la défenseure des enfants*, Claire Brisset, dénonce les effets nocifs de la scolarisation précoce sur le développement psychologique des enfants et sur l'apprentissage du langage. Autrement dit, ce n'est pas parce que l'école à deux ans est autorisée qu'elle est bénéfique...

* Depuis la loi du 6 mars 2000, le défenseur des enfants est chargé de défendre et de promouvoir les droits de l'enfant. Sa mission consiste, en premier lieu, à recevoir directement les réclamations des personnes estimant que les droits d'un enfant n'ont pas été respectés. Lorsqu'une réclamation met en cause une administration, une collectivité publique territoriale ou tout autre organisme investi d'une mission de service public, le défenseur des enfants peut la transmettre au médiateur de la République (voir « Contacts utiles », p. 131).

⇨ **Une situation à risque**

Placés au sein d'un grand groupe, souvent confrontés à plusieurs adultes au cours de la journée, certains enfants courent le risque que ne s'opère pas la mise en place de leur capacité à se penser seul, séparé, ou d'adopter un comportement agressif et instable. L'enfant peut également se figer dans une régression mutique, un refus de communiquer qui ouvre parfois la porte à d'autres pathologies qui réapparaîtront, notamment à l'adolescence, époque à laquelle se réactivent les enjeux du début de la vie. Lorsqu'on lui impose une confrontation trop précoce et trop brutale à la collectivité scolaire, on prépare le refus de l'autre et la révolte face à toute contrainte collective. Un comble lorsque le but de la maternelle est justement d'apprendre à apprivoiser progressivement les règles de la société et de prendre du plaisir à être avec les autres!

▓ **Une journée d'école, est-ce trop à trois ans?**

Horaires, bruit, contraintes, agitation... Il faut bien admettre que pour certains enfants une journée d'école est bien lourde. C'est pourquoi, la première année, les directrices incitent souvent les parents des élèves de petite section de maternelle à ne leur faire fréquenter l'école qu'à mi-temps. Mais certains craignent que l'enfant rate des apprentissages par rapport aux autres plus assidus. N'oublions pas que la plus grande partie de l'après-midi est consacrée à la sieste ! S'il a la possibilité de dormir à la maison, il se reposera sans doute mieux dans son cadre familier. À cet âge, la plupart des enfants ont encore besoin de sommeil l'après-midi.

S'il fait la sieste à l'école, il trouvera peut-être très amusant de s'endormir à côté de son meilleur copain ou de son «amoureuse». Mais il peut aussi avoir du mal à s'endormir ailleurs que dans l'univers rassurant de la maison. En ce cas, la journée, surtout si elle se prolonge d'une à deux heures de garderie, risque d'être épuisante (voir aussi chapitre 5 «Il refuse de faire la sieste»).

La capacité de l'enfant à affronter une journée entière à l'école dépend de ce qu'il aura vécu auparavant. S'il a seulement été gardé à la maison, il ne sera peut-être pas à égalité avec certains pour affronter la séparation, les contraintes et la complexité des relations.

⇨ **Pour l'aider**

Si ses parents ne peuvent pas venir le chercher à la sortie de l'école et s'il semble avoir du mal à supporter de longues journées, il pourra être intéressant, au moins pour cette première année, d'employer une baby-sitter qui s'en chargera. Pour réduire les coûts, il est aussi possible de pratiquer une garde alternée avec d'autres parents ou d'essayer de trouver une nounou qui le récupérera en fin d'après-midi, voire pour le déjeuner, avec un petit groupe d'enfants. Il pourra ainsi faire une coupure en milieu de journée et se détendre le soir dans une ambiance plus calme que celle de la garderie. Financièrement, la formule mérite d'être envisagée et ne sera pas forcément plus onéreuse que les frais cumulés de cantine et de garderie.

L'essentiel

■ Si l'enfant n'est pas propre à la rentrée, il sera parfois judicieux d'attendre un peu pour le scolariser.

■ Entre deux et trois ans, il est en pleine construction de soi. Une scolarisation précoce risque d'être d'une grande violence, surtout s'il n'a pas été gardé à l'extérieur de chez lui auparavant.

■ L'école à mi-temps, du moins au début, est souvent la solution la mieux adaptée.

Chapitre 3
La vie de votre enfant à la maternelle

**Qui sont les adultes qui gravitent autour de lui ?
Comment est organisée la journée de classe ?
Que va-t-il y apprendre ? Autant d'informations
qui permettent d'aider l'enfant à s'adapter
à l'école maternelle.**

▓ Qu'est-il censé apprendre ?

Avant tout, l'enfant ne va pas à la maternelle pour
apprendre à lire, à écrire ou à compter, mais pour s'y
préparer en douceur. Ce n'est qu'à six ans, au CP,
lorsque l'école devient obligatoire, que ces apprentissages seront au programme. Mais d'abord, il va chanter,
danser, écouter des histoires, dessiner, peindre, coller,
découper, colorier, jouer, faire de la gym, du théâtre,

des marionnettes, se déguiser, jouer à la dînette, se promener... Des activités qui vont le préparer progressivement à l'école élémentaire.

⇨ Il joue !

Aucun emploi du temps contraignant n'est imposé par les programmes officiels*. Dès la première année, la maîtresse va donc proposer des activités variées qui suivront les orientations nationales, répondront aux besoins des enfants de sa classe et seront adaptées aux possibilités de chacun... Même s'il faut reconnaître que les effectifs des classes, souvent lourds dès la première année, rendent ce dernier point plus difficile à mettre en œuvre.

Vous avez l'impression qu'il ne fait que jouer ? Bien sûr, et c'est tant mieux ! L'enfant de trois ans n'a pas encore la capacité d'attention qui lui permettrait de suivre de véritables apprentissages. C'est en jouant qu'il se construit. Il imite, imagine, crée, expérimente, réfléchit... Il apprend à maîtriser son corps, découvre son environnement, élabore des stratégies, comprend et intègre les notions de règle, avec plaisir. Pour lui, jouer n'est pas seulement nécessaire, mais indispensable !

---

* Les programmes entrés en vigueur en 2002 présentent cinq grands domaines d'activités sur les trois ou quatre ans qu'il passera à la maternelle : le langage au cœur des apprentissages ; vivre ensemble ; agir et s'exprimer avec son corps ; découvrir le monde ; la sensibilité ; l'imagination, la création.

⇨ Il aiguise sa curiosité

Pour enrichir le contenu de ses activités, l'enseignante va parfois organiser des sorties : spectacles, visites promenades dans la nature ou dans les musées, découverte de la bibliothèque... Autant d'ouvertures sur le monde qui donnent aux enfants l'envie de s'exprimer... et d'écouter ! S'il sort déjà beaucoup en famille, ces activités menées par son institutrice en compagnie de ses camarades de classe aiguiseront son sens de la curiosité de façon différente. Même s'il a déjà visité les lieux, il les redécouvrira avec sa classe sous un nouveau jour. Dans ces occasions, les enseignants encouragent les enfants à décrire ce qu'ils voient et ce qu'ils ressentent. Ce qui, à les entendre, ne manque souvent pas de charme ! D'autant que pour ces visites, ils s'entourent parfois d'animateurs professionnels (guides, etc.) qui ont l'habitude de faire participer et réagir les enfants. Les toiles de maîtres prennent alors un tout autre relief qu'en famille...

⇨ Il s'initie à la vie en société

Pour mieux comprendre l'enfant à ce moment de sa vie, il est important de garder à l'esprit qu'à la maternelle, il s'initie à la vie en société. Il apprend à obéir, à supporter la contrainte le plus sereinement possible,

à partager, à dialoguer, à respecter des règles différentes de celles de la maison. Si tout se passe bien, il va
aussi prendre du plaisir à la vie avec les autres. L'école
maternelle est censée l'aider à aimer apprendre. C'est
dire tout l'enjeu de cette période !

Qui s'occupe de quoi ?

⇨ Le directeur ou la directrice

Ses rôles sont multiples, mais les principaux consistent à
veiller à la bonne marche de l'école, au respect de la
réglementation et à l'animation de l'équipe pédagogique. Cet enseignant, chargé de classe dans les
écoles à faible effectif, dispose d'un service allégé dans
les plus grandes. C'est lui qui reçoit les parents lors de
l'admission de l'enfant. De lui dépend donc la première
image que vous avez de l'école.

⇨ La maîtresse

C'est *la* référence de votre enfant à l'école maternelle et
bien sûr l'interlocutrice privilégiée des parents. N'hésitez
donc pas à l'informer des problèmes qu'il peut rencontrer ou des changements qui interviennent dans sa
vie (séparation, naissance, divorce, deuil…). La maîtresse,

ou plus rarement le maître (en maternelle, les femmes sont majoritaires), est professeur des écoles, formée dans les instituts universitaires de formation des maîtres (IUFM, anciennement écoles normales). Durant la classe, elle organise l'espace, gère l'emploi du temps et propose des activités variées. Le plus souvent, en maternelle, les enfants l'appellent par son prénom et la tutoient.

⇨ L'aide maternelle

En petite section, l'aide maternelle ou agent territorial spécialisé des écoles maternelles (ATSEM) représente un soutien précieux pour la maîtresse qui doit quotidiennement faire face aux problèmes de lacets défaits, de nez qui coulent et de contrariétés à consoler... multipliés par vingt-cinq, voire davantage! Elle a aussi en charge la propreté des locaux et du matériel. Elle est nommée par le maire après avis du directeur d'école. Le plus souvent, elle travaille aussi à la cantine ou au centre de loisirs. Les aides maternelles possèdent au minimum un CAP de la petite enfance.

⇨ Les intervenants extérieurs

Certaines écoles font parfois appel à des intervenants spécialistes qui apportent leurs compétences en musique, sport, langues vivantes, etc.

⇥ Les animateurs

Votre enfant les rencontrera s'il reste à la garderie le soir, ou au centre de loisirs le mercredi et durant les vacances scolaires. Ils encadrent aussi parfois la cantine. Ils sont au moins titulaires d'un brevet d'aptitude aux fonctions d'animateur (BAFA).

▨ La récréation

Chaque demi-journée est entrecoupée d'une récréation d'environ une demi-heure. Dans certaines écoles, les horaires sont différents selon les sections afin d'éviter que les petits ne se sentent un peu perdus. Lorsqu'on a à peine trois ans, des grands de presque six ans qui traversent la cour dans tous les sens, à toute allure et en criant très fort, sont très impressionnants! Pour ceux qui ont des frères et sœurs dans le même établissement, cette séparation sera peut-être plus dure à vivre, car il est souvent agréable et rassurant de retrouver un visage familier lorsqu'on ne connaît encore personne. En revanche, dans les classes enfantines où petits, moyens et grands cohabitent quotidiennement, la question ne se pose pas: chaque enfant trouve la possibilité de communiquer avec les autres.

⇨ Il apprend «les autres»

Dans la cour, il va jouer à «embêter les filles», à «s'atta-quer» et à découvrir la dure loi du «plouf-plouf» qui désigne celui qui fera le «chat». La ploufe est souvent un grand plaisir pour les enfants, même si elle a parfois du mal à aboutir avant que la cloche ne sonne!

Certains parents craignent les contacts un peu vifs et les jeux musclés de la récré. Mais présenter à l'enfant la cour comme une jungle risque de l'inquiéter... La récréation doit être un espace où il peut se détendre et se défouler. Il est préférable de lui expliquer que, parfois, d'autres enfants (comme à la crèche et au jardin public) sont un peu brutaux et que, si cela arrive, il faut absolument le dire à l'un des adultes qui les surveillent. Dans la classe, l'enfant s'initie aux règles de la vie en société. À l'heure de la récréation, il apprend «les autres». Selon sa personnalité, il se sentira peut-être plus à l'aise dans l'une ou l'autre situation, mais souvent cela se passe très bien partout! (voir aussi chapitre 6 «Il n'aime pas la récréation»).

La cantine

Si on interroge un enfant le soir sur son menu du déjeuner à la cantine, on obtient le plus souvent un «J'me souviens plus», « C'était bon», « Pas bon»... Son repas de midi est déjà un peu loin! Pour savoir de quoi est composée l'assiette du petit écolier, mieux vaut donc consulter le menu hebdomadaire, placardé à l'entrée de l'école.

À la maternelle (comme à l'école élémentaire), le ministère de l'Éducation nationale n'est pas responsable des cantines scolaires. C'est la mairie qui décide. La cuisine est donc prise en charge directement par la commune, qui peut faire appel à une société de restauration collective. Toutefois, même si elle n'a pas une influence directe, l'Éducation nationale diffuse, à l'attention des élus locaux, des recommandations nutritionnelles.

⇨ Un équilibre à respecter

Depuis quelques années, des efforts ont été déployés en faveur de l'équilibre des repas, pour privilégier l'éducation du goût et favoriser une ambiance conviviale, même si le niveau sonore des réfectoires reste encore élevé.

Dans la salle du repas, tous les équipements sont adaptés aux enfants. Le plus souvent, chaque table rassemble un petit groupe sous la surveillance d'un adulte.

Certains établissements ont aussi fait le choix de proposer des libres-services conçus pour les tout-petits.

En début d'année, les parents devront informer l'école si l'enfant doit suivre un régime particulier (sans porc, notamment) ou s'il présente des allergies alimentaires. Les communes peuvent proposer des protocoles d'accord avec les parents pour permettre aux élèves d'obtenir des menus adaptés. Dans le cas d'allergies graves ou croisées, certains restaurants scolaires laissent également la possibilité à l'enfant d'apporter son repas de la maison. Il sera cependant nécessaire de respecter des règles très précises, définies dans le cadre d'un projet d'accueil individualisé, où seront aussi indiquées les procédures à suivre en cas de manifestation allergique.

⇒ L'expérience de la collectivité

Comment va-t-il apprécier la cantine? Avant son arrivée à l'école maternelle, l'enfant n'a pas toujours fait l'expérience de la vie en collectivité. Il a évolué dans un réseau de relations restreintes, souvent limitées à quelques proches. À trois ans, il va apprendre à effectuer les choses les plus familières (manger, faire pipi, dormir...) avec d'autres de son âge. Pour lui, il s'agit d'une expérience très nouvelle. C'est pourquoi la cantine peut parfois lui sembler un lieu un peu trop agité, voire inquiétant (voir chapitre 5 «À la cantine, il ne veut rien manger»). Cependant, il trouvera peut-être très amusant de goûter des plats différents de ceux de la maison avec ses copains, parfois même avec la maîtresse. D'ailleurs, ceux qui rentrent chez eux à midi envient souvent ces chanceux qui peuvent jouer avant et après le repas et se faire de nouveaux amis dans la cour...

■ La sieste

Après le déjeuner, c'est l'heure de la sieste. En principe, les enfants de petite section sont les seuls à faire une vraie sieste et pas un simple «temps calme», comme en moyenne section. Dans le dortoir, des lits pliants ou des matelas en tissu constituent le mobilier. En général, les enfants ont chacun leur place : les maîtresses veillent à ce que les plus remuants n'empêchent pas les autres de dormir. Avant de s'allonger, ils enlèvent leurs chaussures et les vêtements qui les serrent. Ils prennent leur doudou et, éventuellement, leur tétine. Souvent, la maîtresse raconte une histoire pour les aider à s'acheminer en douceur vers le sommeil. On les laissera dormir le plus possible. Cependant, vers 16 heures, les derniers seront réveillés. Si l'enfant a besoin de dormir plus de deux heures à deux heures et demie, il serait mieux chez lui. Il ne faut pas oublier qu'en petite section de maternelle, l'école à plein temps n'est non seulement pas obligatoire, mais pas toujours souhaitable.

▓ L'heure des mamans

On l'appelle toujours «l'heure des mamans», mais l'enfant intègre très vite que c'est aussi l'heure des papas ou des nounous... Il est important de ne pas le faire attendre, sinon, il risquerait d'imaginer qu'il est abandonné et ce sentiment est dévastateur. Les enfants prennent beaucoup sur eux pour intégrer les nouvelles règles de l'école. Il est donc souhaitable qu'à l'heure où ils s'attendent à retrouver la sécurité du monde familial, celle-ci ne leur fasse pas défaut.

Pour ces mêmes raisons, il est capital de prévenir les enfants s'ils doivent rester à la garderie et de les informer de l'heure à laquelle on viendra les chercher. Même s'ils ne savent pas lire l'horloge, ils repèrent très vite que l'heure de la sortie est proche, grâce à un ensemble de petits signes : le goûter est fini, l'animatrice a lu une histoire... La question du temps s'inscrit très tôt dans l'inconscient de l'enfant. Il s'endort et se réveille spontanément plus ou moins toujours à la même heure. De la même façon, il prendra conscience de l'imminence de son départ en fonction de multiples paramètres. Ainsi, à l'horaire habituel, l'enfant a envie de rentrer chez lui.

⇨ Pourquoi ne saute-t-il pas toujours dans les bras de son parent?

Il faut admettre que ce moment de retrouvailles, même très attendu de part et d'autre, est parfois bien décevant: il boude, il a faim, il ne veut rien raconter, il demande à aller jouer chez son petit copain, il pleurniche... S'il était à la crèche l'année dernière, c'est un tableau déjà connu. Sinon, quelle déception... Vous pensiez qu'il allait vous sauter au cou et raconter toute sa journée d'une traite et d'un air radieux? Certes, cela peut arriver... Mais pas tous les jours! Pourquoi? D'abord, parce qu'il est souvent fatigué. Or, à cet âge, un enfant épuisé est ronchon, agressif et a une forte tendance à tester les limites de son entourage.

Il fait aussi payer la difficulté qu'il a eue à se séparer, même si cette difficulté n'apparaît pas clairement lorsqu'on l'accompagne le matin.

Son comportement est encore une manière de montrer qu'il n'est plus comme un bébé, content de retrouver sa maman, surtout devant les autres! Soyez patient et acceptez que les enfants aient souvent un comportement que l'on ne décode pas forcément tout de suite. Ce n'est pas l'heure des câlins. Ne le forcez pas, le moment des tendres retrouvailles sera pour plus tard, lorsqu'il aura réintégré son univers familier.

La garderie, le centre de loisirs

Avant et après l'école, les mercredis et pendant les vacances, la garderie et le centre de loisirs mis en place par la commune sont bien utiles lorsque les parents travaillent. Cependant, ces lieux d'accueil, souvent situés dans les locaux de l'école maternelle, ne sont pas la suite de la classe. Pour l'enfant, il s'agit encore d'une autre expérience, avec des adultes et des rituels différents. Il va aussi y rencontrer des élèves de toutes les sections avec lesquels il n'a pas forcément l'habitude de jouer.

⇨ Que va-t-il y faire?

Les animateurs organisent des activités et parfois des sorties adaptées aux enfants répartis par tranches d'âge.

À la garderie, après la classe, ils prennent un goûter, écoutent des histoires, apprennent des chansons, font du coloriage, jouent au foot... Bref, beaucoup de choses agréables, mais qui vont leur demander une adaptation supplémentaire, donc un surcroît de fatigue. Certains le supportent très bien et apprécient ce moment après l'école où l'on peut enfin jouer avec les copains. En revanche, pour d'autres, et notamment les plus jeunes, ce moment de collectivité en plus est lourd, surtout s'ils restent jusqu'à la fermeture (selon les centres, entre 18 et 19 heures). Cet emploi du temps peut aussi avoir des conséquences sur les comportements à la maison et en classe : fatigue, irritabilité, agressivité, hyperactivité... D'où l'intérêt de rester à l'écoute afin d'adopter une formule qui réponde au mieux aux contraintes professionnelles des adultes et aux propres besoins de l'enfant.

▓ La place des parents à l'école

Répétons-le, l'école est avant tout le lieu des enfants. Cependant, cela ne signifie pas que les parents en sont totalement exclus. En début d'année, la réunion d'information organisée par la maîtresse apportera des précisions sur le règlement de l'école, ses projets et les activités proposées. Ce sera l'occasion de visiter la classe, de poser des questions et de découvrir les tout premiers travaux de son enfant. En cours d'année, certaines écoles organisent également des journées portes ouvertes qui permettent de renouveler cette plongée dans son univers scolaire.

À la fin de chaque trimestre, les maîtresses remettent souvent aux parents le cahier de comptines ou l'album de vie. Les enfants sont en général très fiers de montrer et de commenter ces documents précieux qui éclairent parfois leur engouement soudain pour les dinosaures ou les sorcières !

À la sortie, il est possible d'échanger quelques mots avec l'institutrice, sans toutefois la harponner et se montrer envahissant. En cas de problème ou de changement dans la vie familiale, il est préférable de prendre rendez-vous afin qu'elle soit disponible pour un véritable échange. Si l'enfant éprouve certaines difficultés à l'école, il ne sert à rien de faire la politique de l'autruche en attendant que la difficulté passe. Les enseignants sont à priori sensibles au fait que l'on vienne leur parler... À condition, bien sûr, de ne pas engager le dialogue en les agressant. Toutefois, même si tout va bien, il est utile de prendre rendez-vous avec la maîtresse en cours d'année. L'enfant a besoin de sentir que ses parents sont intéressés par sa vie à l'école, et les enseignants, que l'enfant est soutenu à la maison.

⇨ Dans la classe

L'institutrice demande parfois aux parents de l'aider lors de certaines sorties ou fêtes organisées par l'école. Avant de se proposer, il est préférable d'en parler d'abord avec l'enfant. Il a le droit de vouloir défendre ce qu'il estime être son territoire et n'a pas forcément envie de vous mêler à ses petites histoires. À l'inverse, il sera peut-être ravi de vous trouver à ses côtés. Ce qui ne l'empêchera pas de manifester, parfois, un désir d'indépendance, en préférant que vous vous occupiez d'un autre groupe, ou d'avoir du mal à supporter de ne pas vous garder pour lui tout seul...

Vous souhaitez vous impliquer davantage ? Pour faire profiter l'école d'une de vos compétences (langue, musique...), il est nécessaire d'être agréé par l'inspection académique. Pour une intervention ponctuelle, l'accord de la directrice suffit.

⇨ S'impliquer dans le fonctionnement de l'école

Pour en savoir plus sur la vie de la maternelle, les associations de parents d'élèves sont un relais efficace. Leur rôle principal est de servir de médiateur entre l'institution et les parents qui peuvent s'exprimer par l'intermédiaire des délégués. Si vous avez une raison de vous plaindre de l'école et que personne ne vous écoute, vous pouvez les contacter. Ces associations sont des composantes importantes de l'établissement. Elles ont également leur mot à dire sur l'état des locaux, la qualité des repas, etc. Un panneau d'affichage à l'extérieur de l'école annonce les réunions, élections, etc., qui se tiendront en cours d'année et auxquelles les parents peuvent, s'ils le souhaitent, participer.

L'essentiel

▓ À la maternelle, l'enfant joue, expérimente, aiguise sa curiosité et s'initie à la vie en société.

▓ Autour de sa maîtresse, il va, peu à peu, faire connaissance avec d'autres adultes.

▓ Dans la cour de récréation, il apprend «les autres». À la cantine, lors de la sieste, à la garderie et au centre de loisirs, il fait l'expérience de la vie en collectivité.

▓ L'école doit être avant tout le lieu des enfants. Les parents peuvent y avoir leur place, mais dans un cadre bien réglementé.

Chapitre 4
Des enjeux affectifs et relationnels importants

À l'école, l'enfant apprend à vivre séparé de ses parents, parfois pour la première fois. Il est confronté aux règles et aux contraintes collectives... Ce sont des éléments qu'il va devoir intégrer et pour lesquels il a besoin d'un soutien attentif.

▓ Apprendre à se séparer

Pour les enfants comme pour les parents, le premier jour d'école est un moment attendu, redouté, espéré... Et souvent éprouvant. Il faut se séparer et, selon l'expérience de chacun, ce n'est pas toujours simple. Il va pourtant falloir y parvenir, de préférence sans trop de larmes !

La séparation sera plus facile à vivre si l'enfant y a été préparé (voir chapitre 1). Malgré tout, il arrive que ce moment soit pénible pendant plusieurs jours : il pleure, il réclame sa mère… Le plus souvent, il se calme quelques minutes plus tard. Si ce n'est pas le cas, la maîtresse le signalera. On pourra alors en parler avec lui pour essayer de comprendre ce qui lui est si difficile, pour trouver une solution et les mots qui le rassurent.

L'enfant vivra d'autant mieux cette première rentrée que ses parents sont convaincus de ses capacités à passer ce cap. Ce n'est pas sa toute première séparation ! Depuis sa naissance, il a déjà fait face à d'inévitables moments de solitude et affronté toutes sortes de ruptures qui l'ont aidé à grandir et à se construire psychiquement. Il est important de garder à l'esprit que ces épreuves sont nécessaires et structurantes. L'entrée à l'école maternelle fait partie des événements clés de son existence. Certains s'en souviendront toute leur vie. C'est par la confiance que les parents accordent à leur enfant qu'il peut trouver en lui-même les ressources pour aborder cette nouvelle étape.

⇨ Des sentiments ambivalents

Certaines difficultés de séparation proviennent de l'ambivalence des sentiments maternels : d'un côté, la mère est fière de voir son tout-petit rejoindre les bancs de l'école, de l'autre, elle peut aussi ressentir cette rentrée comme un arrachement ou une rupture. L'enfant risque de le percevoir et de ne pas se sentir autorisé à prendre son envol.

Certaines mères (et parfois certains pères) se pensent indispensables à leur enfant en toute occasion et ne sont pas en mesure de déléguer à l'école leur responsabilité. Toutes-puissantes, elles ont le sentiment d'être les seules capables de le protéger et le consoler. Cette difficulté à lâcher du lest peut être liée aux souvenirs conscients ou inconscients de leur propre expérience de l'école et de leurs relations à leurs parents. Elles peuvent avoir le sentiment d'envoyer leur enfant dans un endroit dangereux. Ce dernier reçoit parfaitement le message... Il se sent en insécurité, en raison des fantasmes que sa mère projette à la fois sur le milieu scolaire et sur lui, à qui elle ne reconnaît pas la capacité de s'en sortir sans elle. L'enfant risque alors d'avoir du mal lui aussi à la «lâcher», au sens propre comme au figuré.

⇥ Laisser la place au père

C'est une chance pour un enfant lorsque son père le conduit à l'école. À ce moment de sa vie, la présence paternelle est bénéfique, lorsqu'elle est possible. Pour les psychanalystes, ce tiers séparateur signifie à l'enfant que celui-ci n'est pas seul au monde avec sa mère. En l'accompagnant à la maternelle durant les premiers jours (et plus longtemps s'il le peut), il va, au sens physique et symbolique, le prendre par la main et l'amener sur le terrain des autres et de la société. Il authentifie l'enjeu social de son entrée à l'école. De cette manière, il aide son enfant, mais aussi la mère de celui-ci à passer le cap.

▓ Les relations avec les autres enfants

Le plus souvent, l'enfant n'a pas attendu de faire ses premiers pas à la maternelle pour fréquenter d'autres enfants. Mais, à ce moment-là, il est à un âge où se tissent de solides amitiés qui peuvent durer très longtemps! D'abord, qui sont ces «autres»? Des enfants qui souvent habitent dans le quartier, mais qui sont parfois d'origine et de culture différentes. Beaucoup d'entre eux habitent avec leur père et leur mère, mais certains ont des parents divorcés, vivent dans des familles monoparentales ou recomposées, ont des frères et des sœurs, voire des demi-frères ou sœurs, plus grands ou plus petits... Quelques-uns n'ont pas la même couleur de peau que leurs parents parce qu'ils ont été adoptés, sont métissés, ne parlent pas la même langue, ou ont un handicap... Dès la maternelle, l'enfant va découvrir la diversité du monde et s'apercevoir qu'il existe de nombreuses réalités différentes de la sienne. Autant de dissemblances qui vont l'amener à se poser des questions, sans forcément les formuler. Il peut alors tirer des conclusions erronées de ce qu'il voit et entend. Il revient de l'école en affirmant, définitif, que «Maxime n'a pas de papa»? Tous les enfants ont un père et une mère, même s'ils ne les voient pas tous les deux. Il ne faut pas ébranler la certitude que tout humain naît d'un homme et d'une femme. C'est de cette façon que l'enfant peut penser la filiation. Même s'il ne pose pas de question, lorsque l'occasion se présente, on peut lui donner des explications qui vont l'éclairer. De cette façon, il réalise que son foyer n'est pas l'unique modèle et que les constellations familiales sont riches et variées.

⇥ L'amitié, ça se respecte !

« Apprendre les autres», c'est aussi prendre conscience qu'on ne peut pas s'entendre avec tout le monde. Peu à peu, parfois même dès les premiers jours, il va effectuer sa propre sélection et se faire des copains. Et pour cela, il ne va pas demander l'avis de ses parents! Il ne quitte pas d'une semelle Victor, une des terreurs de la cour de récré? Elle ne parle que de Salomé, habillée en Barbie de la tête aux pieds? Même si son choix déplaît, il est important de respecter ses amitiés. Il a certainement ses raisons pour être attiré par cet enfant en particulier. Les petits timides sont facilement séduits par un leader auquel ils aimeraient ressembler, alors que d'autres enfants, plus directifs, apprécient la compagnie de copains qu'ils peuvent protéger ou entraîner dans leur univers... Même si cela agace parfois les parents!

Certaines mères ont parfois du mal à supporter que leur enfant ait d'autres relations aussi fortes qu'avec elles et peuvent se sentir exclues par ces premières amitiés. Il peut donc être utile de s'interroger sur les raisons qui poussent à trouver son meilleur ami si insupportable...

Cependant, respecter ses amitiés n'oblige pas à tout accepter: si l'attitude du copain est intolérable (gros mots, violence...), on peut dire fermement à l'enfant que l'on désapprouve le comportement de son ami et lui rappeler certains interdits, en présence de son père lorsque c'est possible. Les enfants peuvent être très cruels et intolérants entre eux. Il annonce, ravi, que son copain s'est bagarré avec un autre parce qu'il était gros (ou de couleur différente, mal habillé...) et que c'est «bien fait pour lui»? La parole de l'adulte – et en premier lieu celle

de ses parents – est capitale pour lui expliquer d'où viennent les différences et pourquoi il est important de les
accepter. C'est dès cet âge que l'enfant doit apprendre
à respecter et à se faire respecter des autres. La tolé-
rance est loin d'être innée chez les humains !

« Ma maîtresse » et les autres adultes

L'enseignante va devenir un nouveau personnage de
référence dans la vie de l'enfant. Bien sûr, à l'école, il
côtoie d'autres adultes. Mais il intègre très vite que c'est
la maîtresse qui détient le pouvoir. Les enfants passent
jusqu'à vingt-sept heures par semaine à la regarder, à
l'écouter... Ce qui n'est pas toujours très simple pour
eux. Même si elle a souvent (et c'est tant mieux !) une
attitude maternante, l'institutrice n'est pas totalement
un substitut maternel : c'est une autorité. L'arrivée de ce
nouveau personnage central dans leur vie se passe souvent très bien. Dans une très large majorité, les enfants
parlent de leur maîtresse avec des étoiles dans les yeux.
Ils ont envie de lui plaire et la compétition est rude... Il ne
faut pas les en empêcher, ils en ont besoin ! Cependant,
en fonction de la personnalité de l'un ou de l'autre, il
arrive que l'enfant ait besoin du soutien des siens pour

affronter sereinement les règles qu'elle lui impose. S'il entend régulièrement que ses parents ne sont pas en accord avec ses méthodes, il va se sentir en porte à faux, ce qui ne sera pas très confortable pour lui.

« C'est pas juste... »

Lorsqu'il entre à l'école autour de trois ans, l'enfant a déjà fait l'expérience des limites et des interdits. Chaque famille a ses propres lois et codes de conduite. S'il a été gardé à l'extérieur, il a déjà été confronté à des usages un peu différents de ceux de la maison. Mais souvent, à la maternelle, il va découvrir les règles collectives et leur corollaire, l'injustice... ainsi que l'arbitraire. Bien sûr, énoncée de la sorte, cette perspective fait un peu froid dans le dos et pourrait donner une furieuse envie d'attendre le CP avant de le scolariser! Pourtant, cet apprentissage des limites est nécessaire à l'enfant. Pour lui, se heurter à des interdits est structurant et sécurisant. Il va les intérioriser et se les approprier.

Entre deux et quatre ans, l'enfant est encore à l'âge du non, voire de la provocation. Il recherche des limites pour tester sa puissance. En lui opposant des règles auxquelles il va devoir se confronter avec d'autres du même âge, l'école répond à son besoin et va, d'une certaine façon, le rassurer.

Cependant, pour être comprise et respectée, une loi doit être expliquée. Énoncer le motif de l'interdit permet d'atténuer un sentiment d'injustice éventuel. Il comprendra d'autant mieux cette explication qu'elle émane de quelqu'un de confiance, d'où l'intérêt, une nouvelle fois, de ne pas afficher devant lui vos réserves éventuelles concernant son institutrice. Il rentre à la maison en pleurs ou très en colère parce qu'il s'est fait gronder et que «c'est pas juste»? Consolez-le. Le rôle de parent est aussi d'atténuer la difficulté de l'apprentissage. Demandez-lui d'expliquer ce qui s'est passé, il a peut-être besoin qu'on lui confirme un interdit qu'il n'a pas bien compris. Il est cependant inutile de lui faire des reproches une nouvelle fois... Sauf s'il a vraiment commis une bêtise sérieuse.

⇨ Dissiper les malentendus

Il peut aussi être réellement victime d'une injustice... Le mieux est souvent d'en parler devant lui avec son institutrice, en restant le plus neutre possible et en expliquant que votre enfant n'a pas compris pourquoi il a été grondé ou puni. S'il y a un malentendu, la réponse de l'enseignante devrait dissiper le malaise. Pour l'enfant, il est très sécurisant de constater que l'attitude et les discours de ses parents et de sa maîtresse sont cohérents. Cependant, si la situation se répète et dans les cas extrêmes (brimades, injustices...), vous pourrez chercher une solution du côté des parents d'élèves et de la direction.

▓ L'école, l'enfant et ses parents

Il intègre apparemment bien les règles de l'école, mais il se conduit comme une graine de tyran à la maison? À l'école, il n'a jamais été bébé. Il peut donc éprouver un certain plaisir à y faire le grand, à obéir, à se faire bien voir. Ce qui n'est pas forcément le cas chez lui où il peut se relâcher après une journée bien chargée. À la maison, l'enfant est sûr qu'on l'aimera toujours, alors qu'à l'école, il se méfie un peu... Aussi, on peut tolérer certaines régressions souvent passagères qui peuvent survenir à cette période. S'il réclame un biberon et les bras, son comportement traduit une nostalgie du temps où il n'était pas confronté à ces nouvelles règles. Auprès de ses parents, il se ressource. Mieux vaut le laisser faire tout en restant vigilant pour saisir le moment où ses petites régressions ne lui seront plus vraiment nécessaires. Il faut éviter qu'elles ne deviennent des habitudes.

⇥ Ne pas tout demander à l'école

L'école a un rôle éducatif, certes, mais pas le même que celui des parents. Il est donc inutile de vouloir lui faire jouer tous les emplois. Certains parents demandent parfois à la maîtresse d'être plus ferme avec leur enfant ou exigent de l'école une discipline excessive, alors qu'eux-mêmes n'y parviennent pas toujours. Or l'autorité doit exister à la maison pour être comprise à l'école. On permet ainsi à l'enfant de s'y retrouver et de passer aisément de l'une à l'autre sans perdre ses repères. Les parents peuvent aussi trouver l'école trop laxiste par rapport à leur éducation. Dans ce cas, certaines institutions privées correspondraient peut-être mieux à leurs aspirations.

L'essentiel

■ En fréquentant d'autres enfants, il va découvrir la variété des modèles familiaux et faire l'apprentissage des différences.

■ Il va vivre ses premières amitiés, souvent passionnelles, qu'il est important de respecter.

L'entrée à la maternelle

À l'âge de l'entrée à la maternelle, l'enfant recherche des limites pour tester sa toute-puissance. En lui opposant des règles, l'école va, dans une certaine mesure, le rassurer. Ce qui ne l'empêchera pas, parfois, de régresser un peu, le temps de les intégrer.

Chapitre 5
Décoder les signes

Il ne veut pas aller à l'école, il est jaloux de son petit frère qui reste à la maison, il est «insupportable», il paraît très en avance ou répète que c'est trop dur? Mieux vaut ne pas évacuer le problème par un rapide «c'est pas grave, ça va passer». Ces signes peuvent traduire un malaise profond.

▨ « J'veux pas aller à l'école... »

Il a mal au ventre, rechigne à se lever, traîne à la table du petit déjeuner, n'en finit pas de s'habiller... Un enfant qui n'a pas envie d'aller à l'école l'exprime de multiples façons qui ne seront pas forcément identifiées par ses parents comme les signes de son malaise. Pour l'aider, il faut s'interroger sur les raisons de son opposition: s'agit-il d'une simple flemme, proche de ce que les adultes ressentent le lundi matin, ou d'un trouble plus profond? Pour s'en assurer, une petite enquête sera souvent nécessaire: peut-être se passe-t-il quelque chose à l'école? L'enfant craint parfois de se confier par peur de se faire réprimander. S'il sent qu'il déçoit ses parents, il risque à l'avenir de ne plus rien leur dire, même si le problème se révèle très sérieux. Il est donc important qu'il sache qu'il peut compter sur eux. Une discussion avec lui permet de se faire une idée de ce qui se passe. Est-il en conflit avec un de ses camarades ou exclu d'un groupe? A-t-il été vexé ou humilié par un propos de la maîtresse? Parfois, il suffit simplement de lui poser la question pour obtenir une réponse permettant de comprendre ce qui l'inquiète et de résoudre le problème, mais pas toujours.

⇨ Malaise passager ou trouble profond?

Attention, certaines causes très simples peuvent expliquer un malaise passager. Peut-être est-il tout simplement fatigué ou en période d'incubation d'une maladie infantile. S'il couve une varicelle ou une scarlatine, l'enfant manque d'énergie et son comportement s'en ressent. Mais parfois, il faudra s'armer de patience pour parvenir à décoder la situation. Si le malaise s'installe, il sera utile d'en discuter avec l'institutrice. Pour en savoir plus sur la vie des enfants à l'école, les parents de leurs meilleurs copains, à condition qu'ils soient attentifs, sont souvent une excellente source d'informations. Les enfants sont parfois plus enclins à raconter les malheurs des autres que leurs propres angoisses...

Si son blocage se prolonge, il sera nécessaire de demander conseil à un psychologue qui évaluera ce que l'enfant exprime de cette façon. À trois ans, il a encore du mal à verbaliser ce qui le trouble. Son refus répété d'aller à l'école peut cacher une paresse anodine, mais aussi quelque chose de plus grave, pouvant aller jusqu'à une maltraitance, voire des abus sexuels dont il peut être victime de la part d'un adulte, quel qu'il soit. Ces cas sont rares, mais il ne faut pas s'interdire d'y penser. À travers son «j'ai pas envie» ou «j'veux pas aller à l'école», l'enfant exprime un trouble plus ou moins profond qu'il est primordial de tirer au clair.

Il n'aime pas l'école

Ne pas vouloir aller à l'école et ne pas l'aimer, ce n'est pas tout à fait la même chose... La plupart du temps, le premier cas témoigne d'une difficulté transitoire. Une fois découverte la source du problème, celui-ci est résolu, on n'en parle plus. Cependant, lorsque l'enfant n'hésite pas à dire clairement qu'il n'aime pas l'école, le cas est différent et les raisons aussi.

Certains pensent que c'était mieux avant : la crèche, la garderie, le tête-à-tête avec la mère... Ils éprouvent des difficultés à quitter l'univers des bébés, ou l'univers maternel et le cadre protégé de la maison.

Tous les enfants ne supportent pas les contraintes et les limites avec la même facilité, notamment lorsqu'on leur en impose peu chez eux.

⇨ Les « déçus de l'école »

D'autres se révèlent déçus par l'école. Avant d'y rentrer, ils avaient fantasmé sur cet univers au travers des propos des adultes et des plus grands. On leur avait décrit la maternelle comme un lieu formidable, où ils seraient entourés d'une foule de copains et d'une maîtresse merveilleuse... L'expérience ne s'est pas révélée aussi passionnante et valorisante qu'ils l'avaient espéré.

Ils peuvent également avoir des raisons objectives d'être déçus. On ne choisit pas forcément son école et encore moins son institutrice (voir chapitre 6 « Il n'aime pas sa maîtresse »)... Certains établissements et instituteurs parviennent parfois à dégoûter un jeune écolier... Du moins provisoirement.

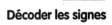
⇨ **Et plus tard?**

S'il n'aime pas l'école, cette première année risque de lui paraître un peu longue et il aura particulièrement besoin du soutien familial. Dans ce cas, une fréquentation à mi-temps est encore plus indiquée. Il est inutile de dramatiser, d'autant que les choses rentrent souvent dans l'ordre en cours d'année: un nouveau copain ou un compliment de la maîtresse peuvent parfois réconcilier l'enfant avec le chemin de l'école.

Ne soyons pas trop pessimistes. La plupart des enfants ont des ressources et, s'ils se sont sentis entendus dans leur malaise, ils parviennent très bien à se reconstruire. Ils ont en eux une force d'adaptation qui ne demande qu'à s'exprimer, si on leur donne les conditions pour le faire. En général, avec le temps, ils s'adapteront aux contraintes scolaires et s'intégreront progressivement.

La première année de maternelle n'augure en rien de la suite. En moyenne section, l'enfant sera plus âgé et sans doute moins nostalgique de son univers de bébé. Il se retrouvera avec un peu de chance dans la classe d'un enseignant avec qui cela se passera bien. Cette expérience n'est pas forcément déterminante pour le futur!

▓ Il est jaloux de son petit frère qui reste à la maison

Il fait ses premiers pas d'écolier tandis que son petit frère reste à la maison, en tête à tête avec sa mère... Il est jaloux et il le montre? La jalousie entre frères et sœurs est normale et l'expression de son émotion à l'arrivée d'un nouveau-né est plutôt saine si elle ne dure pas trop longtemps et n'est pas trop violente. Ce sentiment réactionnel peut se traduire par des comportements agressifs, mais l'expression la plus fréquente de la jalousie est la régression : l'enfant peut recommencer à faire pipi au lit ou dans sa culotte, à réclamer des biberons... et freine des deux pieds pour aller à l'école. Puisque ses parents aiment tellement les bébés, autant le rester!

⇨ Valoriser l'enfant

L'attitude des parents est déterminante dans la manière dont l'enfant va vivre cette situation, qu'il ressent parfois comme une véritable épreuve. Il va avoir besoin d'aide pour traverser cette étape. Il est plus que jamais temps de le gratifier et de le valoriser dans sa position d'aîné qui fait des choses de «grands», comme aller à l'école, et dans son sexe, s'il est différent de celui du bébé: «Nous sommes très contents d'avoir un garçon puisque, grâce à toi, nous avons déjà une fille.» Il convient alors de lui accorder du temps rien qu'à lui, adapté à son sexe et à son âge. C'est le moment pour son père d'être davantage présent auprès de lui, lorsque c'est possible. L'enfant se sentira narcissisé par l'attention particulière qu'il lui accorde et reprendra ainsi progressivement confiance en lui.

⇨ S'exprimer, c'est bon signe

Il pense que ce n'est pas juste que son petit frère reste à la maison, alors qu'il doit se lever le matin pour aller à l'école? On peut l'aider en le laissant exprimer verbalement sa jalousie, quitte à dédramatiser en lui parlant de sa propre expérience et des sentiments plus ou moins glorieux que l'on éprouvait, lorsqu'on était petit, envers ses actuels oncles et tantes. Il arrive que l'enfant n'ose pas montrer son sentiment de rivalité et d'envie par crainte de perdre l'affection de ses parents ou de les décevoir. S'il en parle, c'est plutôt bon signe! La plupart du temps, sa jalousie s'estompera spontanément. Parfois, si elle se prolonge, il peut être nécessaire d'avoir recours à un professionnel pour l'aider à trouver sa place dans sa famille et dans la société.

▓ Il se met à faire des cauchemars

Il se réveille d'un bond, ouvre les yeux, paraît inquiet, pleure et réclame sa mère? En ce moment, nuit après nuit, il enchaîne les cauchemars? Il ne faut pas attendre trop longtemps avant de se demander ce qui perturbe tant son sommeil. Le mauvais rêve qui fait peur, terrorise, jusqu'à réveiller l'enfant et qui parfois se répète tout au long de la nuit, est une manifestation de l'inconscient aux prises avec des conflits intérieurs non résolus pendant la journée. Les cauchemars sont les exutoires symptomatiques d'une souffrance profonde qui peut n'être que passagère, mais pas toujours...

⇨ Une répétition inquiétante

Il s'agit donc de se montrer, durant cette période, particulièrement à l'écoute pour tenter de cerner ce qui l'inquiète, à l'école ou ailleurs. Passé le temps des premiers secours de nuit, pourquoi ne pas reparler ensemble du cauchemar le lendemain? Les mots l'aideront peut-être à se libérer d'une certaine tension. Toutefois, autant quelques cauchemars peuvent exprimer la difficulté d'intégrer certains problèmes de l'existence, autant leur répétition, étalée sur des semaines, voire des mois, doit conduire à consulter un psychanalyste. S'interroger sur la cause du malaise est d'autant plus important que l'enfant risque de développer, à cause de ces rêves angoissants, des problèmes de sommeil: difficultés pour se coucher, s'endormir, pour rester seul dans son lit... De plus, s'il dort mal, il aura des difficultés à trouver des forces pour affronter une journée d'école, ce qui risque, à terme, de le placer dans une situation difficile, elle-même source d'agitation ou d'angoisse.

« C'est trop dur... »

La rentrée s'est apparemment bien passée, il s'est fait ses premiers copains, la maîtresse semble expérimentée et sympathique... Pourtant, il assure que l'école, « c'est trop dur! » Pour aider l'enfant à franchir ce moment difficile, il convient de l'encourager à préciser sa pensée et à identifier ce qui est trop dur pour lui: rester assis? se taire? a-t-il l'impression d'être moins capable que les autres? peut-être a-t-il du mal à s'habituer à la vie en collectivité et aux contacts avec ses camarades? Cette situation est fréquente pour ceux qui ont été très maternés et protégés à la maison. Le choc de la socialisation risque pour eux d'être plus rude et de durer plus longtemps que pour les «endurcis» de la crèche.

⇥ La «réussite» dès la petite section?

Le travail demandé par la maîtresse est parfois effective-
ment «trop dur». Gardons à l'esprit qu'à la maternelle,
et notamment en petite section, il n'est pas question
d'être performant! Si l'enfant a l'impression de moins
bien réussir que les autres, il y a lieu de s'interroger. Peut-
être l'enseignante, parfois poussée par des parents sou-
cieux de résultats, est-elle trop exigeante. Place-t-elle la
barre trop haut? L'enfant qui cherche à lui plaire pense
qu'il ne va pas y arriver et il peut en souffrir. En ce cas, il
est souhaitable de rencontrer la maîtresse pour lui signa-
ler qu'il semble douter de ses compétences et exprime,
à la maison, un manque de confiance en lui vis-à-vis
de l'école. A-t-elle également perçu ses difficultés? Les
effectifs, parfois lourds, peuvent l'empêcher d'être aussi
attentive qu'elle le voudrait avec chaque enfant.

⇥ Il se compare

Dans une classe de petite section de maternelle, les
enfants ont parfois près d'une année de différence, ce
qui est considérable à leur âge! Il est possible que la maîtresse en demande trop aux plus jeunes, notamment s'ils
n'ont pas encore trois ans. Si l'enfant est placé près d'un
plus grand ou plus habile que lui, il peut aussi se sentir
«nul» ou pas à la hauteur. Parfois, un simple changement

de place suffit à remettre les choses dans l'ordre. Toutefois, s'il manifeste fréquemment un sentiment d'infériorité et doute aussi de ses compétences en dehors de l'école, un professionnel pourra l'aider à surmonter ce manque de confiance en lui, lequel, à terme, risquerait de le gêner dans ses apprentissages, entre autres.

▓ Il ne participe pas à la classe

Il ne prend pas la parole, se mêle peu aux jeux de la classe, préfère jouer dans son coin, n'effectue pas les consignes demandées par la maîtresse... Ces enfants trop sages ou trop en retrait ont tendance à pêcher par une grande discrétion en classe et donnent parfois l'impression de vouloir avant tout qu'on les laisse tranquilles... Si c'est le cas, la maîtresse le signalera, quelques semaines après la rentrée, lorsque la plupart des enfants auront pris leurs repères et se seront adaptés à leur nouveau milieu.

⇨ Question de tempérament ou réelle souffrance?

Pour aider cet enfant, il faut chercher à savoir si la difficulté d'adaptation se manifeste uniquement dans la classe. Si, dans la cour, il reste également isolé, il est indispensable de s'interroger sur ce qu'il exprime à travers son attitude. À ce stade, elle traduit toujours autre chose que de la mauvaise volonté. Il n'est pas non plus question de le cataloguer de paresseux, alors qu'il est simplement très timide, introverti ou en retrait. Chaque enfant a son caractère. Il s'agit donc d'évaluer si son attitude est la simple expression de son tempérament ou celle d'une réelle souffrance. De quoi peut-il s'agir?

⇨ Que peut-il vivre de si difficile?

Il a peut-être peur de la maîtresse, surtout si elle est très autoritaire. Cet adulte tout-puissant l'intimide au point qu'il se retrouve pétrifié devant elle et n'aspire qu'à se faire remarquer le moins possible. Sa crainte peut expliquer son mutisme, son absence de participation et son économie de mouvements. Mais il arrive que ces signes apparaissent alors qu'il décrit sa maîtresse comme gentille et dit bien l'aimer. Il peut aussi exprimer à l'école un problème dont l'origine est familiale (divorce, grossesse, deuil...). Ce sont des situations toujours difficiles à traverser pour un enfant, même s'il ne l'exprime pas en famille pour protéger les siens, leur éviter d'avoir aussi à s'inquiéter de sa souffrance.

Il arrive qu'il soit impressionné par les autres enfants et éprouve des difficultés à prendre sa place dans le groupe. Il sera alors capable de parler en tête à tête avec sa maîtresse, mais pas devant ses camarades. Une certaine force intérieure est nécessaire pour s'exposer et se mettre en jeu au milieu des autres. En fonction de ce que l'enfant a vécu auparavant, il faut parfois du temps. C'est souvent le cas de ceux qui n'ont pas rencontré beaucoup d'enfants avant d'être scolarisés. Non seulement ils sont impressionnés par les autres, mais ils le sont aussi par leur aisance à se débrouiller et à évoluer dans un groupe. Ils peuvent alors avoir le sentiment d'être moins bien que leurs camarades, plus «bébé»... Se tenir en retrait est un moyen de défense. Pour ces enfants qui ont connu essentiellement la relation avec leur mère ou une nourrice, l'entrée à l'école s'apparente à la découverte d'un monde étranger. Il leur faudra plus de temps pour se rassurer mais, petit à petit, ils se détendront. On peut faire confiance à l'institutrice pour distinguer l'expression d'une souffrance et une simple question de tempérament. Si elle signale que ce comportement ne s'arrange pas en cours d'année, il sera utile de consulter pour soutenir l'enfant et éviter qu'il ne souffre longtemps de difficultés d'intégration.

▓ À la cantine, il ne veut rien manger

La cantine peut sembler un lieu violent aux enfants qui n'ont jamais pris leurs repas en dehors de la famille. Pour eux, la nourriture est encore associée à la mère et à l'univers familial et culturel. Il ne faut pas oublier que pour le bébé l'alimentation est au centre des tout premiers échanges avec sa mère. Et même si des étapes ont été franchies depuis qu'il est nourrisson, ce mode de relation est encore bien présent. De plus, manger, ce n'est pas seulement avaler des aliments pour prendre des forces. L'alimentation porte avec elle tout un univers relationnel avec ses aléas et ses problèmes transportés au fil des générations. Ces échanges au travers de la nourriture peuvent même entraîner chez l'adulte des symptômes parfois invalidants (boulimie, anorexie, tendance toxicomaniaque). Or, pour certains enfants, manger à la cantine peut être de l'ordre du sevrage, de la rupture. Les enjeux de son comportement dépassent donc le simple cadre de l'appétit et ne se limitent pas à la question de savoir s'il a suffisamment mangé et s'il a apprécié son repas.

⇨ **Une question de maturité**

Lorsqu'on a à peine trois ans, il n'y a pas si longtemps que l'on mange tout seul. Beaucoup ont encore des biberons le matin et/ou le soir, et ne sont pas habitués à manier couteau et fourchette. Ils ont aussi leurs manies, leurs dégoûts et leurs préférences que leurs parents sont seuls à connaître. Certes, il est rare que le personnel les oblige à finir leur assiette, mais il insiste souvent pour que les enfants goûtent ces aliments qui leur semblent si différents par l'aspect, l'odeur et le goût de ceux qu'ils mangent à la maison. Pour eux, le repas à la cantine représente un gros effort. C'est avant tout une question de maturité et d'autonomie. N'oublions pas que les enjeux de la convivialité sociale autour d'un repas peuvent commencer dès le plus jeune âge.

⇨ **Le goût de la maison**

Dans quelques écoles privées et certains pays européens, les cantines acceptent le *lunch box*, version anglo-saxonne de la gamelle. Cette nourriture qui vient de la maison est moins angoissante pour l'enfant. Il peut la comparer avec celle des copains, l'échanger avec les autres... Cependant, la formule reste exceptionnelle en France pour des questions d'hygiène et d'organisation, ce qui est peut-être dommage, notamment pour les tout-petits à qui elle pourrait permettre, du moins les premières semaines, d'adoucir cette première expérience un peu difficile.

Si rester à la cantine se révèle être une épreuve pour l'enfant, il peut parfois être intéressant de le confier à une nounou à l'heure du déjeuner, avec éventuellement d'autres copains, pour lui permettre d'amorcer en douceur ce passage.

■ Il refuse de faire la sieste

Ne pas arriver à s'endormir à l'école peut être une source de problème, voire de conflit entre l'enfant et l'enseignant. Certaines institutrices (pour des questions de surveillance, mais aussi parce qu'elles constatent souvent que leurs élèves sont fatigués) considèrent que la sieste est obligatoire pour tous, ce qui peut être mal vécu par certains : s'allonger dans la pénombre et garder le silence, sans avoir le droit de se lever alors que les copains sont à côté, ce n'est pas toujours facile... Or l'enfant éprouve parfois des difficultés à s'endormir dans un endroit où il ne se sent pas en sécurité. Si c'est le cas, au fil du temps, il devrait parvenir à renoncer à ses défenses qui l'empêchent de trouver le sommeil.

Sinon, il sera utile de l'interroger sur les motifs de son inquiétude : fait-il trop noir ? est-il placé à côté d'un enfant en qui il n'a pas confiance ? a-t-il peur de l'adulte qui surveille le dortoir ?

S'il n'arrive pas à se calmer, il peut aussi se révéler très perturbateur. Logiquement, il se fera réprimander, ce qui ne l'aidera pas à trouver le sommeil... En cas de conflit, il sera donc nécessaire d'en parler avec l'institutrice afin de tenter de trouver une solution de compromis. Les maîtresses acceptent parfois que les réfractaires à la sieste jouent silencieusement dans un coin. Certes, la sieste à trois ans n'a rien d'un luxe, mais il existe aussi de petits dormeurs qui font de très longues nuits qui leur suffisent.

Il est « insupportable »

Il parle quand les autres se taisent, prend la parole sans lever le doigt, se lève sans permission, fait des bêtises, n'obéit pas et n'en fait qu'à sa tête... Bref, il transgresse toutes les règles qu'on lui demande de respecter à l'école, en particulier celles qui régissent la collectivité. Cet enfant risque d'être rapidement catalogué comme insupportable.

Pourquoi se conduit-il ainsi? En dehors de l'agitation due à la fatigue, certains n'ont pas, à trois ans, la maturité qui leur permet de s'adapter aux règles de l'école. À cet âge, les enfants ont besoin de bouger et de s'exprimer physiquement. Pour certains, notamment pour les garçons souvent plus remuants que les filles, il s'agit même d'une nécessité absolue. À l'heure de la récréation, quelques-uns sortent à toute allure en hurlant, alors que d'autres vont tranquillement jouer dans un coin… Bien sûr, on ne demande pas aux enfants de rester assis toute la journée. Mais, pour ceux qui ont du mal à rester en place, c'est trop long. Ils vont donc devoir contrôler leur besoin de circuler et accepter les interdits. Cela peut demander à l'enfant un effort et du temps, et à l'institutrice, beaucoup de patience…

⇨ Les difficultés familiales

D'autres sont agités parce qu'ils ne vont pas bien pour des raisons qui n'ont rien à voir avec la maternelle. Leur état psychologique ne leur permet pas d'accepter les contraintes de l'école et les pousse à les transgresser systématiquement en multipliant les bêtises. Les difficultés familiales peuvent toucher l'enfant et s'exprimer de différentes façons. Il est toujours souhaitable d'en informer, même succinctement, sa maîtresse.

Les bêtises à répétition peuvent être aussi la manière dont certains découvrent qu'ils peuvent exister au sein d'un groupe en se faisant remarquer. Ils font le clown pour vaincre leur timidité.

Ils peuvent aussi être «insupportables» parce qu'ils ne sont pas bien à l'école. Leur attitude peut alors être interprétée comme une révolte.

Attention, s'il ne tient pas en place, cela veut peut-être tout simplement dire qu'il n'a pas eu son quota de dépense d'énergie ! Si c'est le cas, rester assis devant la télévision dès le retour de l'école n'est certainement pas la solution la mieux adaptée... Pourquoi ne pas plutôt l'accompagner au jardin public pour qu'il puisse s'y défouler en compagnie d'autres enfants ?

De manière générale, si l'origine du trouble ne vient pas de l'école, il sera à traiter en dehors de l'établissement. Sinon, il faudra collaborer avec l'institutrice pour qu'il s'habitue progressivement à ces contraintes.

■ Est-ce un enfant précoce ?

Pas si simple d'être en avance... Il arrive que la maîtresse informe les parents de son intention de passer l'enfant chez les moyens. Dans une même classe, l'inégalité de maturité s'explique par les écarts d'âge, mais pas uniquement. Certains parlent très tôt, sont plus habiles de leur corps... Ils font leurs acquisitions avant les autres, y compris dans le cadre scolaire. Cependant, on ne peut pas parler de «surdoué» à trois ans. L'enfant progresse par palliers: il peut être très performant par rapport au groupe au début de l'année et l'être moins au cours des mois suivants... Mieux vaut éviter les conclusions hâtives!

Même si quelques-uns apprennent à lire tout seuls durant leur parcours en maternelle, ces cas restent rares. Il sera temps de les évaluer à l'école primaire, voire en grande section. D'autant que certains enfants intellectuellement précoces connaissent des retards scolaires importants et ne lisent pas forcément avant tout le monde. La lecture n'est donc pas toujours un indice. Parfois, ce sont des problèmes d'adaptation durant le parcours en maternelle qui peuvent mettre la puce à l'oreille des parents et des enseignants.

Le mieux est de laisser la maîtresse décider si l'enfant est à l'aise en petite ou moyenne section et le changer de classe si elle pense qu'il s'y sentira mieux.

À priori, la question des apprentissages précoces ne se pose pas en petite section. Toutefois, s'il semble s'ennuyer à l'école, on pourra envisager de lui proposer des activités extrascolaires de créativité (atelier d'art plastique, de musique…) dans lesquelles il pourra s'exprimer et prendre du plaisir.

L'essentiel

▉ Pour certains enfants, notamment pour ceux qui ont surtout connu la relation avec leur mère ou une nourrice, l'entrée à l'école s'apparente à la découverte d'un monde étranger et peut se révéler difficile.

▉ Être confronté à la société pour la première fois constitue un choc. Il leur faudra du temps pour se rassurer. En attendant, le malaise peut apparaître à travers des signes qu'il est important de décoder.

▉ En général, si le trouble provient de l'école, il faudra collaborer avec l'institutrice afin qu'il s'habitue progressivement aux nouvelles contraintes. S'il ne vient pas de l'école, il sera utile de consulter un professionnel en dehors de l'établissement.

Chapitre 6
Votre enfant et les autres

Il n'aime pas sa maîtresse, elle veut s'habiller comme ses copines, il soulève les jupes des filles, ou il est jaloux... Pas si simples, les relations sociales ! L'âge de la maternelle est aussi l'âge des passions, trop souvent sous-estimées.

▓ Il n'aime pas sa maîtresse

La légende veut que la première maîtresse soit la bonne fée adorée de ses élèves. C'est souvent le cas, mais pas toujours ! Il arrive que les enfants disent ne pas aimer la leur... Or, à trois ans, ils ne parviennent pas toujours à expliquer les raisons de cette antipathie.

Le passage entre l'autorité familiale et sociale représentée par la maîtresse peut être difficile. L'enfant a parfois du mal à accepter que ce ne soient pas papa et maman qui commandent et il lui faudra un peu de temps pour s'y habituer.

⇨ Le refus de l'autorité

Le problème peut venir de parents très anxieux, trop possessifs ou systématiquement revendicatifs qui ne supportent pas la moindre critique. Ils contestent toute autre autorité que la leur et refusent de se remettre en cause par crainte de se sentir accusés de ne pas être des parents parfaits. Ils entrent alors naturellement en compétition avec la maîtresse et les institutions. De cette façon, ils interdisent implicitement à l'enfant d'apprécier son institutrice, voire l'école, au risque de les trahir, ce qu'un enfant de trois ans ne peut pas assumer.

⇨ Sévère ou injuste

S'il n'aime pas sa maîtresse, c'est peut-être aussi parce qu'elle n'est pas particulièrement aimable. On rencontre encore des institutrices plus «dressantes» qu'«accompagnantes», qui font preuve d'une pédagogie rétrograde dans laquelle il peut ne pas se retrouver, surtout si elle est en contradiction avec l'éducation qu'il reçoit en famille. Les enfants sont très sensibles à l'inégalité de traitement. Si l'enseignante a des chouchous ou s'avère injuste, il en sera souvent blessé et peut le ressentir très violemment. Chacun a de bonnes et mauvaises raisons d'être attiré par un métier. Il en va de même pour les enseignants. Le métier d'instituteur est difficile et les dépressions qui se manifestent souvent par un «mauvais caractère» ne sont pas rares au sein de la profession. De plus, il ne faut pas exclure l'éventualité qu'une institutrice ait pu choisir de rester dans le monde des petits en raison d'une fragilité personnelle et qu'elle règle ses comptes avec sa propre enfance sur le dos de ses élèves.

⇨ Restaurer la confiance

N'oublions pas que si un enfant est terrorisé, il craindra les représailles et n'osera pas s'exprimer auprès de ses parents. Certains enseignants maltraitants enjoignent à leurs élèves de se taire. C'est aux parents d'assurer l'enfant de l'efficacité de leur protection et d'entretenir la confiance qu'il doit avoir en eux afin de maintenir le dialogue. Ils lui permettent ainsi de s'autoriser à briser la loi du silence imposée par cet adulte pervers.

Si un enfant n'aime pas son institutrice, on peut le soutenir en prenant rendez-vous avec l'enseignante pour essayer de dénouer le conflit. Il est préférable de la rencontrer (sans l'enfant dans un premier temps) pour évaluer la situation et se faire une idée de l'origine du problème. Un deuxième entretien en présence de l'enfant peut permettre d'effectuer une mise au point. Si elle paraît dépressive ou caractérielle, mieux vaut tenter de nouer une bonne relation avec elle afin d'œuvrer ensemble pour aider l'enfant, en évitant de l'agresser et de la remettre en question. Les cas extrêmes sont peu fréquents et, le plus souvent, il s'agit d'une simple incompatibilité d'humeur entre l'institutrice et l'enfant. Les deux auront besoin de soutien pour traverser l'année... Le cas échéant, il sera utile de contacter la directrice et les parents d'élèves, d'autant que plusieurs enfants sont peut-être concernés.

La plupart du temps, la maîtresse est formidable et, aux yeux de l'enfant, elle a toujours raison. Cependant, aujourd'hui, les conflits des parents avec l'école constituent le deuxième motif de plainte auprès du défenseur des enfants. Dans son dernier rapport annuel, Claire Brisset, sa représentante, précise que les mauvais traitements physiques ou psychologiques de la part d'enseignants se produisent essentiellement en école maternelle et primaire, et met en cause «la faiblesse et la lenteur des réponses apportées par l'Éducation nationale, notamment via l'académie, à des situations intolérables».

 Elle veut s'habiller à la mode

Vouloir s'habiller à la mode et surtout comme les autres n'est pas un phénomène nouveau. Les blouses ont été supprimées après 1968. Petit à petit, l'uniforme a été remplacé par la norme de la mode dictée par les marques avec, à la clé, d'énormes enjeux commerciaux. Or, pour les enfants, ce n'est pas suivre la mode qui est important..., c'est porter la même chose que les copains.

Lorsqu'un enfant est habillé trop différemment, il peut ressentir un malaise dans son corps. Quand on ne se sent pas bien dans ses vêtements, on ne sait pas comment se tenir, se comporter devant le regard des autres... L'enfant peut s'exclure plus ou moins consciemment du groupe, lequel peut aussi le pointer comme «étranger».

⇥ Se rassurer sur sa propre identité

Même à cet âge, certaines «bêtes de mode», notamment chez les filles, peuvent fasciner leurs camarades qui les voient comme des idéaux de beauté et ne visent qu'à leur ressembler. À l'heure de la différenciation sexuelle (c'est-à-dire l'âge où l'enfant prend conscience qu'il est une fille ou un garçon), certaines petites filles sont particulièrement attachées aux symboles extérieurs de leur identité sexuée: longueur des cheveux, refus du port du pantalon... Pour elles, la grande peur, c'est d'être prises pour des garçons. Or, l'école traitant à priori les uns et les autres de la même façon, elles peuvent se sentir en danger et exprimer un besoin de se rassurer en ne voulant porter que des robes et des «couleurs de fille», le rose étant de loin la préférée... Ce comportement s'estompera lorsqu'elles se sentiront plus sûres d'elles. C'est pourquoi il ne faut pas les contrarier et ne pas couper les cheveux d'une petite fille qui veut les garder longs ou lui interdire les jupes « qui tournent »...

Son père porte les cheveux longs et sa mère des pantalons? Pour l'enfant, il ne s'agit pas de ressembler à l'un ou à l'autre, mais avant tout de se rassurer dans son sexe par rapport aux autres enfants.

De même, si votre petit garçon porte les cheveux longs comme on le faisait autrefois, il risque d'être accueilli à l'école en se faisant traiter de fille. Il serait préférable de lui couper ses boucles avant la rentrée, quitte à en garder une en souvenir...

Attention, l'habillement, surtout chez les garçons, montre une tendance à l'uniformisation: jean, baskets, tee-shirt... C'est pratique! Pour éviter qu'il se sente d'emblée différent et soit très vite catalogué comme tel par les autres, il est préférable de ne pas endimancher un enfant pour l'école. Mieux vaut garder ses beaux habits pour des occasions plus adaptées et lui faire revêtir «l'uniforme de l'intégration», même si cela contrarie les critères d'habillement des parents...

▓ « Elle veut plus être ma copine », « C'est plus mon copain »

Les copains, ce n'est pas toujours simple ! Même si l'enfant ne s'en plaint pas directement, les conflits peuvent devenir aigus au point de modifier son humeur. L'amitié et l'amour, à trois ans, sont très passionnels et à l'origine de grandes joies comme de grandes peines. Ce n'est pas parce qu'ils sont jeunes que ce n'est pas sérieux. Si l'enfant en parle, il faut l'écouter. Il a peut-être besoin d'être consolé, mais pas d'être systématiquement conseillé, car cela pourrait lui donner l'impression qu'il est incompétent dans le domaine relationnel. Il va devoir découvrir les lois qui régissent les individus de son âge. On peut l'aider à comprendre ce qui se passe sans pour autant lui donner un mode d'emploi sur la façon dont il conviendrait de se comporter. Il faut bien qu'il apprenne à vivre avec ceux de sa génération. Cela passe par quelques égratignures, mais on ne peut malheureusement pas le protéger de tout.

▦ Il soulève les jupes des filles

L'éveil de la sexualité est précoce. Chez certains petits garçons, notamment, la curiosité à ce sujet est particulièrement intense. Lorsqu'ils sont en dehors de la famille, les interdits se révèlent parfois moins efficaces. À l'école, quelques-uns éprouvent moins la nécessité de se cacher qu'à la maison, où ils attendent d'être loin du regard des parents pour soulever les jupes des sœurs ou des cousines...

Ces garçons ont une idée en tête : voir le sexe des filles. Une fois qu'ils ont constaté que leur curiosité faisait crier et courir les porteuses de jupes, ils peuvent ressentir une excitation qui va les faire insister jusqu'à ce que la maîtresse intervienne.

Ces enfants ont besoin de constater qu'à l'école, l'interdit est le même qu'à la maison : «On ne doit pas regarder sous les jupes des filles.» D'où l'utilité que les adultes de l'école interviennent. S'ils en font part aux parents, ce sera à ces derniers de confirmer l'interdit. Dans la plupart des cas, cela suffit à calmer la situation. Si toutefois ce comportement persiste et devient trop gênant, il faudra recourir à l'aide d'un psychologue.

Il joue à touche-pipi

La libido (l'énergie sexuelle) à trois ans est intense. Quand Freud soutenait que les enfants sont des pervers polymorphes, à l'âge de la maternelle, c'est totalement le cas! La littérature, qui fait état de la plus entière négation de cette réalité tout en témoignant des punitions les plus épouvantables à son encontre, n'a pas attendu Freud pour le souligner.

Cet éveil de la libido peut s'intensifier au contact des autres. Or, concernant la sexualité, les enfants ont besoin de limites rassurantes et raisonnables. Ces lois qui concernent la vie en société et à la maison doivent être énoncées par les adultes. Il y a des choses qui se font, d'autres non. À l'école, comme à la maison, la masturbation ne doit pas se faire devant les autres, on ne montre pas son sexe à tout le monde, on ne laisse personne toucher son corps, etc. La sexualité est de l'ordre de la vie privée, même chez les tout-petits. Aux adultes de le leur imposer. De plus, on permet ainsi à l'enfant de mieux se défendre contre les agressions sexuelles venant d'un petit ou d'un grand.

Elle a un amoureux

Pourquoi les adultes ont-ils tellement besoin de penser qu'on ne peut pas être amoureux à trois ans? Il n'est pourtant pas rare que ces mêmes personnes parlent de leurs amours enfantines sur le divan du psychanalyste... Car elles sont bien là, ces premières amours!

Elle vous parle sans arrêt de son amoureux? Dans la cour, ils se font des bisous, se tiennent par la main, s'offrent des «cadeaux d'amour»? Certains enfants vont même jusqu'à former de vrais petits couples reconnus par les autres et respectés. Lorsqu'ils sont séparés, ils peuvent le ressentir comme un véritable séisme. Ces chagrins d'amour sont souvent sous-estimés par les adultes. Ce sont d'authentiques passions qui peuvent également s'exprimer dans l'amitié. Le meilleur ou la meilleure ami(e), c'est vraiment du sérieux! Les adultes ne doivent pas ignorer ce que vivent les enfants qui ont besoin que leur parole soit reconnue. Toutefois, il vaut mieux éviter de s'en mêler de manière intrusive et d'en faire toute une histoire. Ils ont le droit d'avoir leur jardin secret...

Il sera cependant utile de leur dire que c'est seulement à l'âge adulte qu'on se choisit un mari ou une femme, qu'on fonde sa famille et qu'ils pourront le faire comme leurs parents, lorsqu'ils en auront l'âge. Ce sera également l'occasion de rappeler l'interdit de l'inceste, puni de prison. Non seulement les enfants ne se marient pas entre eux, mais ils n'épousent ni leurs frères et sœurs, ni leurs parents, c'est formellement interdit par la loi.

▨ Il reste seul

Face à cette intensité de sentiment, certains enfants, par crainte de la frustration qu'ils pourraient ressentir, refusent plus ou moins consciemment de se lier. D'autres se protègent en étant le copain à la fois de tout le monde et de personne. Ils ne s'investissent pas, ils considèrent cela comme trop dangereux. Ils le feront probablement plus tard, lorsqu'ils s'en sentiront la force. Il arrive aussi qu'un enfant fasse le bébé et attende que les autres viennent vers lui. Il en a peur et il n'arrive pas à sortir de sa timidité. Reste à savoir s'il est exclu ou s'il se met lui-même sur la touche.

⇨ Les raisons de sa solitude
Une trop grande timidité peut conduire les autres à laisser de côté un enfant. Dans ce cas, ce dernier s'attire souvent l'apitoiement des adultes qui le perçoivent comme malheureux. Pourtant, s'il n'est pas prêt, il n'est

pas forcément triste pour autant : il se protège. À force de regarder les autres, il aura envie d'aller vers eux. À ce stade, s'il n'ose pas, il risque d'être vraiment malheureux. Il faudra alors l'aider, en invitant, par exemple, un autre enfant ou en organisant un goûter avec quelques camarades de sa classe.

Il arrive aussi que des enfants s'excluent par leur aspect : ils sont toujours sales, ont le nez qui coule en permanence, ne sentent pas très bon... Ils savent se rendre si peu séducteurs qu'inconsciemment ils risquent de déclencher un rejet de la part des autres et de se faire «traiter», ce qui sera très douloureux. C'est le rôle des parents d'apprendre l'hygiène aux enfants. Toutefois, en fonction de leur personnalité et de l'éducation qu'ils reçoivent, ils seront plus ou moins rapidement autonomes dans ce domaine. En veillant à ce qu'ils soient présentables pour commencer la journée, leur intégration sera facilitée. Quelques mouchoirs dans la poche sont souvent utiles !

Certains vont se mettre en position de cristalliser l'agressivité des autres. Il faut être particulièrement vigilant face à ce type d'attitude et se demander quel genre de scénario l'enfant joue pour se trouver dans cette situation. Si elle est systématique, l'aide d'un psychologue est parfois nécessaire pour faire évoluer son comportement.

▓ Il s'est fait traiter de gros

À la maternelle, un enfant qui a tendance à l'embon-
point va rapidement se faire traiter de gros par les
autres. S'il a le contact facile et a été habitué (à la
crèche, notamment) à la collectivité, ces paroles ne le
bouleverseront peut-être pas trop. Dans le cas
contraire, il sera blessé et risque d'entrer dans un cercle
vicieux en mangeant encore plus pour se consoler : il
prendra alors la mauvaise habitude de compenser par
la nourriture les difficultés de l'existence.

Aujourd'hui, les chiffres de l'obésité infantile sont alar-
mants : en Europe, le nombre d'enfants obèses a doublé
en cinq ans ! Les enfants sont de plus en plus gros très tôt.
C'est un problème qu'il faut aborder bien avant l'âge
de la maternelle afin d'éviter que l'école ne vienne le
compliquer. Se faire traiter de gros est la plus grave bles-
sure que les autres puissent lui infliger. Il sera touché dans
son corps. Un coup de poing fait moins mal. Il ne faut
donc pas laisser la situation s'installer. Pour cela, il sera
indispensable de revoir son alimentation et d'apprécier
les enjeux affectifs liés à la nourriture. Son surpoids est-il
dû à de mauvaises habitudes alimentaires familiales, à
des problèmes psychologiques ? Ces questions peuvent
se régler spontanément. Si ce n'est pas le cas, là encore

l'aide d'un psychologue pourra être utile. Il vaudra mieux réserver la consultation d'un nutritionniste aux cas graves afin d'éviter de plonger l'enfant, très tôt, dans la spirale des régimes qui peuvent désorganiser toute une vie familiale par la tyrannie du contrôle et des frustrations.

Il est jaloux des autres

À l'âge de l'école, la jalousie n'est pas un sentiment tout nouveau pour l'enfant. Il l'a déjà ressentie auprès du parent du même sexe (ce qui est normal à trois ans) et s'il a des frères et sœurs. À l'école, il va en découvrir une nouvelle forme.

Certains sont plus facilement jaloux que d'autres. Chacun a son histoire... En fonction de ce qu'ils auront vécu chez eux, ils pourront avoir des prédispositions. D'autant que les raisons d'être jaloux ne manquent pas... Sa maîtresse semble en avantager d'autres? La préférence, réelle ou supposée, de l'institutrice peut raviver un sentiment déjà éprouvé à la maison. Les enfants ont presque toujours l'impression que leur mère favorise un frère ou une sœur.

Il peut également être jaloux parce que son meilleur copain ne veut plus jouer avec lui et en a choisi un autre. Ces situations fréquentes provoquent souvent des douleurs terribles. À travers ces épreuves, il apprend la vie, mais il a besoin qu'on le console.

Est-il jaloux parce que les autres possèdent quelque chose qu'il n'a pas, qu'il s'agisse d'un bonbon, d'un jouet ou d'une longue chevelure ? Il va apprendre un jour qu'être et avoir sont deux choses bien distinctes. En tout cas, on peut l'espérer...

⇨ Être et avoir

Pour les parents, il va falloir éviter de tomber dans le piège. Julie est jalouse du serre-tête rouge de Laura ? Le plus difficile va être de faire admettre à Julie que sa nouvelle barrette bleue est très jolie aussi et que Laura va certainement la lui envier ! Certes, c'est plus facile à dire qu'à faire. Mais tout l'enjeu est de montrer à l'enfant l'équivalence dans la différence plutôt que la perte d'identité dans le double. Julie peut être aussi bien que Laura, même si elle ne possède pas les mêmes choses ! Elle apprendra ainsi qu'on peut avoir la même valeur que l'autre, alors qu'on est différent de lui. Cependant, pour qu'elle enregistre le message, il sera sans doute utile d'y revenir plus d'une fois... Sans oublier qu'il ne faut pas sous-estimer la souffrance des jaloux qui, à cet âge-là, est ravageuse. Les enfants ont d'abord besoin de s'identifier pour pouvoir dans un deuxième temps accepter la différence. C'est une longue évolution...

Il n'aime pas la récréation

Il arrive que ces enfants se lient moins que d'autres et, la plupart du temps, il n'y a rien d'inquiétant à cela. Ils ont souvent besoin du tutorat de l'adulte pour se sentir en sécurité. L'enfant qui reste près de la maîtresse durant tout le temps de la récré recherche son soutien pour s'adapter. Il s'en éloignera lorsqu'il se sentira prêt. Dans beaucoup d'écoles maternelles, les heures des grands et des petits sont décalées, du moins en partie. Si un enfant est inquiet car il comptait sur son frère ou sa sœur pour le «parrainer» dans la cour et le défendre, si besoin, on peut lui dire que la récréation est justement prévue pour se faire des amis et que les bons amis se défendent les uns les autres quand c'est nécessaire. En se faisant des camarades, il pourra compter sur eux, tout comme eux pourront compter sur lui.

S'il n'a pas fait part de ses difficultés et que la maîtresse en parle, il est préférable qu'elle le fasse devant lui. Pour l'enfant, il est souhaitable que l'adulte intervienne pour l'aider, lorsqu'il perçoit une trop grande souffrance qui peut aussi être le signe d'un malaise plus profond.

⇨ Le racket à la maternelle

Il ne faut pas exclure qu'il soit l'objet de racket, à l'échelle de la maternelle: pression pour des bonbons, des cartes, jouets et bijoux... Bien entendu, il est préférable d'éviter de donner ces objets aux enfants pour partir à l'école, ce qui est d'ailleurs souvent mentionné dans le règlement intérieur. Le plus simple est de lui expliquer que pour ne pas se les faire voler, il ne faut pas les emporter, tout en se renseignant auprès des autres parents sur les habitudes de leurs enfants dans ce domaine. N'oublions pas que ces jeux sont aussi un prétexte à communiquer. Ils peuvent aider les plus timides à attirer la sympathie et à rentrer ainsi dans le lien social. Il est délicat d'apprendre à un enfant à donner sans se faire «plumer». D'autant qu'il existe de véritables caractères généreux à ne pas décourager et d'autres, plus intéressés, qui attendent de l'amour et de la reconnaissance en retour, voire du pouvoir...

Toutefois, si l'enfant a régulièrement les poches pleines d'objets qui ne lui appartiennent pas, il y a lieu de s'interroger. Il est nécessaire d'intervenir fermement en discutant avec lui et en l'incitant à restituer pour lui apprendre que ça ne se fait pas. C'est à la maternelle que l'enfant s'initie aux valeurs. C'est donc aux adultes de s'en mêler, quitte à le punir, si besoin, mais toujours avec des explications et jamais en l'humiliant. Il doit comprendre, puis intégrer les lois pour pouvoir les appliquer.

Il se bagarre sans cesse

À l'âge du non et de l'évaluation de sa puissance auprès des autres, adultes comme petits, l'enfant cherche des limites. S'il les a reçues chez lui de façon raisonnable, il pourra se situer par rapport à celles qui lui sont imposées par l'école. Autant dans les règles qui régissent la collectivité que dans celles, plus implicites, du groupe.

L'absence d'interdits insécurise l'enfant qui risque de rechercher à l'école les limites qu'il n'a pas trouvées à la maison en se comportant en enfant à priori «difficile».

En revanche, s'il reçoit chez lui une éducation trop coercitive, voire sadique, il peut utiliser l'école comme défouloir de la trop grande frustration imposée par ses parents. Les enfants qui prennent des coups chez eux auront tendance à frapper volontiers les autres, voire à se venger sur les plus faibles en particulier, rejouant ainsi le scénario familial.

Les petits qui ont fréquenté la crèche précocement ont vite appris à jouer des coudes et à faire taire toute sensibilité pour devenir de véritables bulldozers. Pour un enfant qui va découvrir la collectivité, ces petites terreurs peuvent être fascinantes ou terrifiantes. Le développement de l'enfant passe en effet par toute une série d'identifications au travers desquelles va peu à peu s'élaborer son sentiment de soi.

Avant qu'ils ne maîtrisent le langage, l'agressivité des enfants les uns envers les autres est non seulement inévitable, mais aussi nécessaire. Pour eux, il s'agit ainsi de se rassurer sur leur propre identité. Comme le souligne Danielle Dalloz, une psychanalyste qui a particulièrement travaillé sur la violence chez les tout-petits, les conflits sont normaux et témoignent le plus souvent d'une saine vitalité. Votre enfant a besoin des autres pour se structurer et «se vacciner» contre l'agressivité indissociable de la vie en communauté. Cependant, il doit le faire dans un cadre protégé et rassurant, en présence d'un adulte. Or, lorsqu'un enfant de plus de deux ans se trouve brutalement confronté à d'autres, sans adulte de référence à proximité, il peut éprouver un sentiment proche de la panique et l'impression d'une perte d'identité profonde.

⇨ **Les raisons de sa violence**

Difficulté de se définir et de trouver sa place par rapport à l'autre, jalousie et sentiment d'infériorité, difficulté à s'exprimer avec le langage, tels sont les mobiles les plus fréquents de la violence entre les enfants. Cette brutalité peut prendre de multiples formes : la bagarre, les coups, les injures, l'exclusion... À école, les enfants apprennent aussi les différences et l'altérité. Il s'agit probablement d'un passage obligé qui pourra s'estomper, au moins en intensité, sous la tutelle des adultes et l'acquisition d'une maîtrise plus élaborée du langage. Certains sont plus bagarreurs que d'autres. Il s'agit d'une question de caractère, comme d'éducation.

Si l'école signale qu'un enfant est trop violent, il est impératif que les parents aillent dans le même sens pour qu'il intègre le message. L'enfant qui reçoit un coup, et qui entend chez lui : «Tu n'as qu'à le rendre», ne pourra pas imaginer d'autre mode d'échange et de protection possible.

Il ne faut pas oublier qu'à trois ans à peine, son langage n'est pas suffisamment développé pour exprimer tout ce qu'il aurait envie de dire. Parfois, il préfère l'exprimer plus radicalement par un bon coup de pied...

⇥ **Mettre des mots**

Le rôle des parents est de lui apprendre qu'échanger avec les autres est plus important que satisfaire son besoin d'avoir ou de pouvoir. C'est par une éducation basée sur la parole et l'exemple qu'on lutte contre la violence. Donner à l'enfant des mots, le nourrir de chansons, d'histoires ou de poésies, lui permettra d'affronter les conflits autrement que par la décharge pulsionnelle. De plus en plus de livres pour enfants traitent de la violence. Ces histoires peuvent être utiles pour l'aider à parler de ce qu'il ressent. Progressivement, le contact avec les autres adultes et enfants va l'inciter à développer son langage, dont il découvrira l'utilisation avec un plaisir toujours plus grand.

À l'inverse, si c'est lui qui prend sans arrêt des coups, il est utile d'aider l'enfant à mettre des mots sur ce qu'il vit et de le soutenir pour le renarcissiser, afin qu'il reprenne confiance en lui. Un soutien psychologique sera nécessaire le temps qu'il trouve des forces. Parfois, quelques séances suffisent.

L'essentiel

🔲 Lorsque l'enfant éprouve des difficultés relationnelles au sein de l'école, il faut chercher à déterminer l'origine du problème.

🔲 Il est souhaitable que l'adulte intervienne pour l'aider, lorsqu'il perçoit une trop grande souffrance qui peut aussi être le signe d'un malaise plus profond.

🔲 En discuter avec les enseignants est un préalable indispensable qui permet parfois de trouver une solution pour l'aider.

🔲 Le temps qu'il trouve des forces, un soutien psychologique se révèle quelquefois nécessaire.

Chapitre 7
Ce qui va l'aider

Les premiers pas d'un enfant à l'école ne sont pas toujours faciles! Heureusement, certains éléments favorisent son intégration à la maternelle: de bonnes nuits de sommeil, un éventuel doudou dans la poche, un emploi du temps raisonnable et un bon copain...

▓ Le sommeil

La plupart des instituteurs (pas seulement en maternelle) s'en plaignent: beaucoup d'enfants arrivent fatigués en classe et il n'est pas rare qu'ils s'y endorment. L'école n'est certainement pas la seule responsable de cette fatigue.

Non seulement l'enfant n'appréciera pas la maternelle dans ces conditions, mais il risque également d'être catalogué comme paresseux ou à problèmes. Il est donc très important d'être vigilant sur la question du sommeil.

Si pendant les grandes vacances, les horaires du coucher sont devenus élastiques, il sera utile de les régulariser progressivement avant la rentrée. À son âge, l'enfant a encore besoin d'horaires réguliers, de périodes calmes et de longues nuits de sommeil. Pour lui, dormir, ce n'est pas seulement récupérer. Le sommeil favorise la croissance du corps, le renouvellement des cellules, la production des hormones et des anticorps... Il aide à se remettre de la fatigue corporelle, mais aussi psychique. Après douze heures de sommeil, il n'aura pas forcément tous les bénéfices d'une bonne nuit s'il est tiré du lit trop vite. L'idéal est de lui permettre d'émerger en douceur, puis de lui proposer un bon petit déjeuner. Cette stratégie est souvent plus payante que de le laisser dormir dix minutes supplémentaires et d'être ensuite obligé de le houspiller pour qu'il ne soit pas en retard! On lui donne ainsi le temps d'être en possession de toutes ses forces pour aborder la journée.

➪ Il «tire sur la corde»

Parmi les enfants désignés comme hyperactifs, beaucoup souffrent d'un manque de sommeil et passent leurs journées à tirer sur la corde. Ils se montrent surexcités en permanence, ce qui à la fois les épuise et paradoxalement les empêche de trouver le sommeil.

Au-delà de ces cas extrêmes, un enfant fatigué peut avoir des comportements agressifs ou violents à l'école et être signalé comme perturbant ou perturbé. Or les parents et les enseignants ne relient pas toujours ces symptômes à une cause aussi simple et facilement remédiable qu'un manque de sommeil. En respectant son besoin de repos, on lui permet d'utiliser au mieux ses facultés d'adaptation et d'apprentissage. C'est dire l'enjeu de ses nuits...

⇨ Des besoins à respecter

Combien de temps doit dormir un enfant ? Entre trois et cinq ans, la moyenne est de douze heures, dont dix à onze sont nocturnes. Mais, comme chez les adultes, il existe des couche-tôt et des lève-tard. À chacun son rythme ! S'il doit se lever à heures régulières, il est également important de le coucher tous les soirs à la même heure. Son inconscient enregistre les heures d'endormissement comme les heures de réveil et ce rythme régulier devrait lui éviter des levers trop pénibles. Mais, là aussi, le temps nécessaire pour émerger des brumes du sommeil n'est pas le même pour tout le monde.

S'il a passé une mauvaise nuit et que son week-end a été très animé, exceptionnellement, il peut être utile de le garder à la maison pour qu'il se repose. Mais, dans ce cas, expliquez-lui pourquoi, dites-lui qu'il s'agit d'une situation exceptionnelle pour qu'il n'en tire pas la conclusion qu'il peut choisir de ne pas aller à l'école lorsque cela lui convient!

Quand un enfant souffre de problèmes de sommeil (difficultés d'endormissement, réveil ou terreur nocturnes, cauchemar) depuis déjà un certain temps, il est urgent de consulter un psychanalyste. D'autant que, s'il n'est pas reposé, son adaptation à l'école en souffrira.

« Je peux prendre mon doudou? »

En première année de maternelle, la maîtresse accepte souvent que les enfants viennent avec leur doudou à l'école. Elle leur demandera peut-être de le ranger au moment où ils entrent en classe pour ne le reprendre qu'à certains moments (sieste, récré...). Cependant, toutes les écoles ne l'acceptant pas, il vaut mieux se renseigner auparavant pour ne pas doubler la séparation de la rentrée d'une rupture brutale et imprévue avec le doudou.

Ce fameux objet transitionnel décrit par le psychanalyste D. W. Winnicott consiste souvent en une peluche, une couverture, un morceau de tissu, dont l'enfant s'est entiché au point d'avoir parfois beaucoup de mal à s'en séparer. Il est attaché à l'objet lui-même, mais aussi à son odeur et à son contact.

Chez les bébés, l'odorat est plus développé que chez les adultes et l'odeur de la mère en particulier est un repère structurant et rassurant. Il en est de même pour le toucher, qui est un des premiers sens à se développer à l'intérieur de l'utérus. Lorsqu'il est à l'âge de la maternelle, si l'enfant possède un doudou, c'est souvent depuis de longs mois.

⇨ Adoucir l'épreuve de la séparation

Au cours de ses premières années, le doudou l'a suivi lorsqu'il vivait des passages un peu difficiles. Dans les moments d'inquiétude ou de solitude, l'enfant va retrouver dans cet objet les attributs maternels dont il est porteur pour se rassurer. Dans ces conditions, on comprend mieux l'intérêt que représente le doudou pour l'accompagner dans ses premiers pas à l'école ! Il lui permettra d'adoucir l'épreuve de la séparation et du départ seul dans la société.

Le doudou est très encombrant pour l'école ? Si l'enfant est d'accord, on peut choisir avec lui un objet ou une peluche miniature qu'il pourra enfouir au fond de sa poche, comme un secret entre lui et sa mère. C'est un compromis qui marche parfois.

Il n'a pas ou plus de doudou? Il a certainement d'autres façons de se rassurer. Inutile de lui imposer un objet dont il se passe très bien!

Une tétine à l'école?

Si l'enfant est encore très «accro» à la tétine à l'âge d'entrer à l'école, il risque d'être confronté à plusieurs problèmes qui dépendent à la fois de son degré de dépendance à cette fameuse « tototte » et de la façon dont la maîtresse va régler la question. S'il garde en permanence la tétine dans la bouche, il est sans doute difficile à comprendre. L'enseignante va probablement l'inciter fortement à la laisser de côté. Pour lui, cette règle sera d'autant plus facile à intégrer que l'utilisation de la tétine est aussi limitée à la maison. Si ce n'est pas le cas, cela signifie que ses parents laissent l'école lui imposer une contrainte supplémentaire, ce qu'il pourrait alors vivre très difficilement.

⇨ Une image de bébé

Autre problème : avec la tétine, l'enfant risque de traîner avec lui une image de bébé, voire d'immaturité (lorsque ce n'est pas d'«enfant à problèmes»), autant de la part des autres enfants que des adultes qui s'occupent de lui... Ce qui est tout de même gênant ! Il est donc utile de le désaccoutumer en douceur avant l'âge de la scolarité. Certes, pour nombre de spécialistes, ce sevrage aurait dû être effectué autour de trois-quatre mois, âge auquel il commence sérieusement à s'intéresser au monde. Très peu de nouveau-nés ont besoin de tétine : ce sont les bébés «téteurs» pour lesquels il est totalement impossible de s'apaiser sans sucer. Mais cela n'empêche pas de nombreux enfants d'avoir beaucoup de mal à renoncer à cet objet, dont ils auraient pu éviter l'utilisation !

Il arrive aussi que certains parents, eux-mêmes très inquiets, aient du mal à envisager que leur enfant puisse se passer de tétine ou de doudou. Si, à trois ans, l'enfant oublie d'emmener l'un ou l'autre à l'école, cela signifie souvent qu'il envisage la possibilité d'y renoncer. Il est donc important de ne pas passer à côté de ses premières manifestations d'autonomie, voire de renoncement spontané !

Les copains

Quand l'enfant retrouve le jour de la rentrée des camarades qu'il connaît déjà, c'est rassurant pour lui. Lorsque c'est possible, le trajet effectué en leur compagnie peut réduire l'appréhension de la rentrée, voire l'aider à prendre sur lui pour ne pas perdre la face. Il semble plus anxieux que les autres et reste accroché à sa mère ? Il vaut mieux éviter de prendre en exemple le courage de ses copains, cela pourrait être humiliant. Chaque enfant affronte l'épreuve avec ses propres ressources et, s'il ne montre pas la «dignité» et le stoïcisme que ses parents auraient aimé qu'il affiche, ce n'est pas un drame! Ces situations s'arrangent la plupart du temps en quelques jours.

Souvent, il ne connaît personne au début. Mais comme il ne sera pas le seul à se sentir un peu perdu le premier jour, il a de grandes chances de ne pas le rester longtemps. Pour l'aider, rien n'empêche d'inviter assez vite quelques enfants de sa classe avec lesquels il semble avoir des affinités. Cependant, il est préférable d'éviter de trop lui répéter: «Tu vas te faire des copains!», sous le prétexte de l'encourager. Pour lui, cette perspective comporte une bonne dose d'inconnu, ce qui est loin de le rassurer... Il ne sait pas encore que très vite les

amis deviendront un des motifs les plus stimulants pour se dépêcher le matin !

■ Les activités extrascolaires

Initiation à la danse, éveil musical, judo… Dès trois-quatre ans, et parfois même avant, l'offre d'activités à effectuer en dehors de l'école est très riche. Tout cela est bien tentant… Notamment du point de vue des parents. Bien sûr, à cet âge, l'enfant est très réceptif. Les sensibilisations précoces peuvent contribuer à l'épanouir et parfois lui ouvrir une voie qu'il choisira d'emprunter plus tard. Mais encore faut-il que ces activités ne constituent pas pour lui une source de stress et de contraintes. Si c'est le cas, il est important de se demander si on ne peut pas les remettre à plus tard.

⇨ Avant tout, prendre du plaisir

Si cette activité a pour but de le détendre et de passer du temps agréablement en dehors de l'école et qu'il l'apprécie, tant mieux ! Mais s'il s'agit de l'exposer très tôt à certains apprentissages par principe, il vaut mieux rester prudent. Il ne s'épanouit pas dans l'activité choisie ? Il est préférable d'attendre un peu. Il n'est pas obligé de commencer la musique ou toute autre discipline à trois ans! Pour ceux qu'une activité extrascolaire contraint trop, il est préférable d'attendre six-sept ans, un âge où ils pourront choisir en toute connaissance de cause. Un enfant apprendra mieux s'il en a vraiment envie. Toutefois, s'il prétend ne pas aimer l'école ou si vous avez l'impression qu'il ne s'y adapte pas très bien, une activité extérieure où il pourra s'épanouir au sein d'un groupe lui permettra parfois de l'aider à traverser l'année.

⇨ Autres pistes

En attendant, pour le sensibiliser, rien n'empêche de l'emmener à des spectacles ou à des manifestations sportives ou culturelles, où il pourra se familiariser avec l'univers en question. À son retour à la maison, il aura sans doute très envie d'imiter les grands qu'il a vus sur scène. Plutôt que de le forcer, il vaut donc mieux l'aider à développer son imagination et à trouver du bonheur dans la création. Pour apprendre, le plaisir, c'est capital! Pour l'occuper, il existe des endroits gratuits et accessibles à toute la famille: les jardins publics. Après l'école ou durant les jours de congé, les toboggans, tourniquets et autres balançoires sont parfaitement adaptés à son âge. Il y retrouvera d'autres enfants et pourra jouer avec eux sous la responsabilité d'un adulte familier. Pour les parents, c'est l'occasion de découvrir le monde de l'enfant, avec son organisation et ses règles, ses jeux préférés, ses copains, la façon dont il se comporte avec eux... Pour lui, c'est comme la cour de récréation, mais en toute liberté !

▒ Aider un enfant en difficulté

Depuis la rentrée, Chloé refuse de participer à la vie de la classe, Adrien est agité en permanence, Maxime est agressif avec les autres... Certains enfants manifestent dès la petite section de maternelle des signes de difficulté. Ces problèmes apparaissent soit dans leur manière d'être et leurs relations (inhibition, passivité, instabilité, agressivité...), soit dans leurs apprentissages (refus de faire, de participer...). Dans ce cas, la maîtresse peut être amenée, après en avoir informé les parents, à faire appel au Réseau d'aide spécialisée aux enfants en difficulté (Rased), auquel la maternelle est rattachée.

⇨ Le Rased à l'école
La mission prioritaire du Rased consiste à aider des enfants en difficulté à poursuivre un cursus normal par des actions de prévention et d'aide effectuées par des psychologues et des instituteurs spécialisés.

La mise en œuvre du réseau permettra d'envisager un soutien individuel durant les heures d'école, une intervention extérieure (médecin psychiatre, psychologue, ORL, orthophoniste, psychomotricien, services sociaux, PMI), voire une orientation vers un établissement spécialisé. Ces professionnels travaillent en liaison étroite avec les institutrices et les familles, et favorisent la communication entre l'école et les partenaires extérieurs.

Si la maîtresse vous fait part de difficultés que rencontre votre enfant, il est également possible de contacter directement le psychologue scolaire qui vous recevra dans l'école. Cependant, il n'est pas toujours possible d'obtenir un rendez-vous rapidement.

⇨ À l'extérieur

Les signalements de l'école maternelle sont à prendre très au sérieux. Certains enfants, surtout s'ils n'ont jamais fréquenté de structures collectives où exercent des professionnels de l'enfance, peuvent présenter depuis longtemps des troubles d'origine psychologique ou sensorielle. Les difficultés de socialisation proviennent parfois d'une mauvaise audition non décelée avant l'âge de l'école. De nombreux troubles d'origine psychologique ne sont hélas décelés qu'à l'école. Or on sait que la prise en charge précoce de ces troubles est capi-

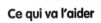

tale. Si votre enfant éprouve de réelles difficultés, il est donc important de consulter très vite un spécialiste.

Où s'adresser? Chaque commune est rattachée à un centre médico-psychologique (CMP), où de nombreuses spécialités sont représentées et les consultations gratuites. Cependant, là aussi, la liste d'attente est parfois longue. Il peut alors être utile de consulter un intervenant installé en cabinet privé. Plus le problème est pris en charge tôt, plus on a de chance de le régler. Il y a donc parfois urgence!

L'essentiel

À son âge, l'enfant doit passer des nuits longues et complètes. Le manque de sommeil peut entraîner des troubles du comportement. Un emploi du temps trop chargé sera souvent source de contraintes et de fatigue supplémentaires.

Le doudou (ou objet transitionnel) lui permettra d'adoucir l'épreuve du départ seul dans la société. En revanche, une tétine peut le pénaliser. Autant l'aider à s'en défaire au plus vite!

L'entrée à la maternelle

░ Si l'enfant éprouve des difficultés, il est important de consulter très vite un spécialiste. Il existe des réseaux d'aide au sein de l'école, mais un rendez-vous à l'extérieur permet souvent de s'attaquer au problème plus tôt.

Conclusion

La maternelle est le lieu où l'enfant apprend à vivre avec les autres. À partir de trois ans, il est la plupart du temps assez grand pour profiter vraiment de la vie en société et apprendre les règles qui vont lui permettre d'y parvenir. C'est le sens premier de son entrée à l'école. N'oublions pas que c'est avec ceux de sa génération qu'il devra plus tard faire sa vie, travailler, trouver son conjoint, fonder sa famille... Il ne s'agit donc pas tant d'apprendre à faire des choses qu'à être avec les autres. Rappelons encore qu'il est important que l'enfant en ait les moyens et la maturité, ce qui est rarement le cas avant trois ans. Même à cet âge, il convient de rester vigilant. Les enfants ont encore peu de moyens de se protéger des situations difficiles ou même, c'est rare mais cela peut arriver, d'un encadrement inadapté. C'est aux parents d'y veiller, même si ce n'est pas toujours simple d'être à la fois parent... et parent d'élève. Accompagner, être intrusif ou ignorer ? Tout est question de mesure et chaque famille a la sienne. L'enjeu est de savoir déléguer une partie de l'autorité parentale, une étape fondamentale pour l'autonomisation de l'enfant. Tout l'art consiste donc à trouver une bonne articulation et une complémentarité entre l'école et la famille. Agir ainsi, c'est permettre à son enfant de naviguer aisément de l'une à l'autre, en toute harmonie.

Bibliographie

▦ Pour les parents

DALLOZ D., *Où commence la violence? Pour une prévention chez le tout-petit*, Albin Michel, coll. «La cause des bébés», 2003.

DELALANDE J., *La Récré expliquée aux parents*, éditions Louis Audibert, 2003.

HERMANGE M.-T., *Les Enfants d'abord! 100 propositions pour une nouvelle politique*, La Documentation française, 2002.

SAUVAGE A., SAUVAGE O., *Maternelles sous contrôle*, Syros, 1998.

▦ Pour les enfants

ASHBÉ J., *À ce soir*, éditions Pastel, 1995.

BLOCH S., *L'École de Léon*, Albin Michel jeunesse, 2000.

DOLTO Dr C., *Jaloux, pas jaloux; Les Chagrins*, Gallimard jeunesse, coll. «Mine de rien».

L'entrée à la maternelle

HOESTLANDT J., *La Rentrée des mamans,* Bayard jeunesse, 2003.

MERLIN, *La Maternelle,* Albin Michel jeunesse, coll. «Dépli-mages», 1999.

Contacts utiles

La Fondation de France recense les lieux d'accueil parents-enfants: Tél.: 01 44 21 31 00, pour se renseigner.

Centre national de documentation sur l'enseignement privé (CNEP): Tél.: 01 47 05 32 68 – 20, rue Fabert, 75007 Paris. Site Internet: http://www.fabert.com

Fédération nationale de l'enseignement privé laïc: Tél.: 01 42 89 33 99 – 37, rue d'Amsterdam, 75008 Paris.

Office de documentation et d'information de l'enseignement privé (ODIEP): Tél.: 01 43 29 90 70 – 45, av. Georges-Bernanos, 75005 Paris.

▓ Pour connaître les enseignants pédagogie Freinet

Institut coopératif de l'école moderne (ICEM): Tél.: 02 40 89 47 50 – 18, rue Sarrazin, 44000 Nantes. Site Internet: http://www.icem-freinet.info

Association Montessori France (AMF): Tél.: 01 45 49 27 40 –
47, rue de l'Université, 75007 Paris.

▓ En cas de difficultés

**Association nationale des centres médico-psycho-
logiques (CMP):** Tél.: 01 48 24 76 14.

Pour contacter le défenseur des enfants: 85, bd du
Montparnasse, 75006 Paris.
Site Internet: www.defenseurdesenfants.fr

Table

Chapitre 4
Des enjeux affectifs et relationnels importants

Chapitre 5
Décoder les signes

Autres ouvrages des auteurs

Myriam Szejer

Le bébé dans tous ses états
(en collaboration avec René Frydman),
Odile Jacob, 1998.

Des mots pour naître,
Gallimard, nouvelle édition 2001.

Ces neuf mois-là
(en collaboration avec Richard Stewart),
Robert Laffont, nouvelle édition 2002.

Les Femmes et les Bébés d'abord
(en collaboration avec Francine Dauphin),
Albin Michel, collection « La cause des bébés », 2002.

Moi, je connais bien les bébés
(en collaboration avec Monique Czernicki),
Albin Michel jeunesse, 2002.

Le Bébé et les Ruptures,
(sous la direction de Myriam Szejer et de Caroline Eliacheff),
Albin Michel, collection « La cause des bébés », 2003.

Le Bébé face à l'abandon, le bébé face à l'adoption
(sous la direction de Myriam Szejer), Albin Michel,
collection « La cause des bébés », nouvelle édition 2003.

Marie Auffret-Pericone

Je rassure mon bébé
(en collaboration avec Emmanuelle Rigon),
Albin Michel, collection « C'est la vie aussi », 2003.

Conception graphique et réalisation : Louise Daniel.
Impression : Bussière Camedan Imprimeries
en avril 2004.
Albin Michel, 22, rue Huyghens, 75014 Paris - www.albin-michel.fr
ISBN : 2-226-15340-3.
N° d'édition : 21500. – N° d'impression : 041654/1.
Dépôt légal : mai 2004.
Imprimé en France.